강신주의 다상담 ❷
일·정치·쫄지 마 편

ⓒ강신주, 2013

초판 1쇄 펴낸날 2013년 8월 5일
초판 15쇄 펴낸날 2023년 8월 20일

지은이 강신주
펴낸이 이건복 **펴낸곳** 도서출판 동녘

등록 제311-1980-01호 1980년 3월 25일
주소 (10881) 경기도 파주시 회동길 77-26
전화 영업 031-955-3000 편집 031-955-3005 **전송** 031-955-3009
홈페이지 www.dongnyok.com **전자우편** editor@dongnyok.com

ISBN 978-89-7297-693-6 04100
      978-89-7297-694-3 04100(세트)

• 잘못 만들어진 책은 바꿔 드립니다.
• 책값은 뒤표지에 쓰여 있습니다.
• 이 도서의 국립중앙도서관 출판시도서목록(CIP)은 서지정보유통지원시스템 홈페이지
 (http://seoji.nl.go.kr)와 국가자료공동목록시스템(http://www.nl.go.kr/kolisnet)에서
 이용하실 수 있습니다.(CIP제어번호: CIP2013012419)

강신주 지음

들어가는 말

매달 마지막 주 금요일은 대학로에 있는 '벙커1'에 가는 날입니다. 〈강신주의 다상담〉(이하 〈다상담〉)이 열리는 날이니까요. '벙커1'은 세상과 싸우느라 지친 병사들이 잠시 숨을 고르고 다음 전투를 준비하는 곳입니다. 〈다상담〉이 열리면 '벙커1'에는 발 디딜 틈이 없을 정도로 많은 사람들이 찾아옵니다. 그래서 지하로 내려가는 입구와 계단이 헬게이트Hell Gate라고 불릴 정도로 복잡하기만 합니다. 찾아오신 분들 가운데에는 상담에 직접 참여하신 분도 있고, 관객으로 오신 분도 있고, 아니면 호기심에 들어와 계신 분도 있습니다. 복잡한 인파를 뚫고 대기실로 들어갈 때, 저는 너무나 심한 압박감을 받습니다. 300명이 넘는 분들의 마음, 저마다 기구한 사연의 상처들이 제 등 뒤를 무겁게 누르는 느낌입니다. 제가 치유의 전망을 주기는커녕 상처를 도지게 할 수 있다는 불안감도 제 압박감에 한몫 단단히 합니다.

그러나 뭐 어쩌겠습니까. 저녁 7시 30분이 되면 어김없이 강단에 올라서 영혼의 상처에 직면해야 하는걸요. 무슨 악업이 있어서 이런 가슴 아리는 사연들, 어떤 때는 저마저도 갑갑함에 숨이 '턱' 막히게 하는 사연들을 감당하게 되었을까요. 그렇지만 최선을 다하자고 매번 각오를 다집니다. '그래! 탈진할 정도로 한 사람 한 사람의 비릿한 고통을 껴안아 보자. 내가 힘들면 그만큼 타인은 편해질 테니.' 그렇지만 너무나 아픈 일입니다. 타인의 내밀한 상처와 서러운 고통에 직면한다는 것은. 자정이 넘어 상담이 끝나 '벙커1'을 허허롭게 떠날 때는 너무나 외롭기만 합니다. 오늘 만난 분들이 자신이 지금까지 지고 왔던 아픔과 상처를 제게 고스란히 얹고 떠났기 때문입니다. 너덜너덜해진 몸과 마음을 추스르며 바랍니다. 제가 그 아픔과 상처를 온전히 받았으니, 오늘 오신 분들은 간만에 편하게 잠을 청했으면 좋겠다고요.

혹여 이 책을 통해 절망에서 희망을 보신 분들이 있다면, 제게 절대로 고마워하지는 마세요. 사실 여러분을 통해 저는 제 존재 이유를 발견했으니까요. 고마워해야 할 사람은 그래서 바로 저라고 할 수 있습니다. 여러분이 저를 진짜 철학자로 만들어 주었으니까요. 철학 책이나 읽고 세상과 삶을 다 알았다고 떠벌리는 가짜 철학자가 아니라, 사람을 사랑하는 진짜 철학자 말입니다. 여러분 때문에 철학, 즉 필로소피Philosophy라는 학문이 앎Sophos을 사랑하는Philo 것이 아니라, 무엇인가를 사랑해야 그것에 대해 아는 학문이라는 것을 배웠습니다. 사람을 사랑해야 사람을 알게 되지, 그 역이 아니라는 것을 배운 겁니다. 그러니 지금까지 여러분이 제게 감사하다고 인사했다면, 오늘만큼은 제가 여러분에게 깊게 묵례를 드리고 싶네요. 고맙습니다. 그리고 감사합니다.

2013년 7월 장맛비가 추적추적 내리는 날 새벽 광화문에서 강신주

일러두기

1. 저자가 자주 쓰는 비표준어와 비속어는 현장감을 살리기 위해 한글맞춤법에 따라 바로잡지 않았습니다. (예: 통치다, 지랄을 해요 등)
2. 이 책에 인용한 시는 한국문예학술저작권협회와 출판권을 가진 출판사, 시인 본인을 통해 저작권 동의를 얻어 수록했습니다. 출간 당시 저작권자 확인이 안 되어 허가를 받지 못한 작품은 추후 확인이 되는 대로 해당 저작권자의 동의를 얻겠습니다.
3. 본문에 실린 '일' 편의 추신 '한국인은 왜 죽도록 일만 하는가?'는 《한평생의 지식》(민음사, 2012)에 실린 원고를 수정하여 수록한 것입니다.
4. 본문에 실린 김수영의 시는 《김수영 전집1》(민음사, 2판, 2003)을 기준으로 인용했습니다.
5. 본문에 실린 사진의 저작권은 강수희(186쪽), 이동호(21, 22, 101, 102, 185쪽)에게 있습니다.
6. 본문 장 제목 등에 쓰인 서체는 캐논 EOS M체로, 사용 허락을 받았습니다.

차례

들어가는 말 4
프롤로그 | '노'라고 하며 살자! 10

강의
- 구구단이 정리가 안 되니 진도가 안 나가요 24
- 돈과 무관한 일을 해 보신 분 있나요? 26
- 일일부작 일일불식: 일하지 않으면 먹지도 말라 27
- 팔리는 일과 팔리지 않는 일 33
- 그거 해서 쌀이 나오니, 밥이 나오니? 34
- 해야 될 게 없는데 왜 살아요? 36
- 노예와 주인 38
- 엿 먹이는 노예가 되기 43
- 게으름의 미덕 45
- 직장이 스끼다시라는 마음가짐 50

상담
- 돈은 필요하지만 일은 하고 싶지 않은 노예예비군 53
- 일에 대한 열정이 식어 걱정인 노예 60
- 직급이 불편한 짬밥 많은 노예 63
- 일터에서 인간관계를 갈구하는 노예 65
- 밥값 못하는 잉여 노릇이 고역인 노예 69
- 자발적 업무 처리로 지쳐 버린 노예 71
- 노동하는 시간과 향유하는 시간을 일치시키고 싶은 노예 73
- 정착이 어려운 노예 76
- 무시당하는 직업을 존중받고 싶은 노예 78

추신
- 우리는 왜 죽도록 일만 하는가?: 워커홀릭의 계보학
- 독재자의 생각에 따라 소처럼 묵묵히 89
- 산업자본이 명령하는 불가피한 사명: 자기 계발과 자기 혁신 92
- 향유의 시간을 강탈당한 워커홀릭의 탄생 96
- 이제 용기가 필요한 시간 98

차례

정치

강의
- 우리가 정치에 무관심한 이유 104
- 국가는 하나의 교환체계다: 수탈과 재분배의 기구 107
- 인간의 혁명은 아직 한 번도 이루어지지 않았다 110
- 인문학이 고민하는 정치: 누구도 갖지 못하기 때문에 아무나 가질 수 있는 영역 112
- 민주주의는 실현된 적이 없다 117
- 나의 정치적 권리를 누군가에게 줄 수 있는 걸까? 119
- 100보 후퇴할까, 50보 후퇴할까 121
- 민주적인 지도자? 124
- 딱 한 걸음이 진보다 126

상담
- 좋은 군주, 나쁜 군주는 따로 없다 130
- 진보의 제스처를 걷어치워라 133
- 볶음밥을 먹을 권리 137
- 보수는 자신을 사랑하고, 진보는 타인을 사랑한다 144
- 그들의 미래에 그들도 참여하기 148
- 민주주의를 위한 싸움은 그 방식마저도 민주주의적이어야 한다 150
- 분단된 나라에서 진보로 살아가기 153
- 복지만 잘 되면 장땡? 161
- 용서의 자격 163
- 노년이 갖는 정치적 관심에 대한 보고서 166
- 내 수준이 낮으니, 네 수준도 낮다 169

추신
- 김지하 정신의 본질: 계몽적 지성을 위한 레퀴엠
- 부르주아 지식인의 자리 175
- 계몽의 대상을 잃은 계몽적 지성 178
- 김수영의 경고 181

쫄지마

강의
- 안 해 봐서 무섭다 188
- 무식하면 쫄지 않는다 190
- 유식해서 비겁해진다 193
- 야수성과 야만성과 뻔뻔함을 찾기 195
- 뻔뻔해지기 실천 강령(1): 우아하게 거짓말하기 197
- 뻔뻔해지기 실천 강령(2): 기꺼이 욕먹기 205
- 디오게네스가 우리의 방법이다 209

상담
- 타인의 시선, 신경 쓰지 마! 215
- 잘난 사람들 앞에서 말할 때, 쫄지 마! 217
- 상대방이 싫어할까 전전긍긍, 쫄지 마! 221
- 뒷소문에 쫄지 마! 224
- 후배 녀석들, 안 챙겨도 돼! 228
- 여자 앞이라고 쫄지 마! 230
- 남자 친구에게 끌려다니지 마! 234
- 이혼했다고 쫄지 마! 237
- 어린 시절 기억에 쫄지 마! 243
- 피해의식에 쫄지 마! 246
- 이기적인 딸자식, 괜찮아! 251
- 강자 앞에서 용감하지 마! 254
- 절이 싫으면 나가지 말고 바꿔! 259
- 쫄지 마! 그깟 돈! 263

추신
- 잃어버린 욕망을 찾아서: 위악(僞惡)이란 비범한 방법론
- 자신의 욕망을 점검해 보는 것 270
- 나의 욕망은 항상 타자의 욕망에 지나지 않는다 273
- 위악의 방법론 276

에필로그 | 존 레논의 '이매진'을 읊조리며 280

프롤로그

'노'라고 하며 살자!

'아니오'라고 말할 수 있는 성숙한 능력은 '예'의 유일하게 타당한 배경이 되며, 이 둘을 통해 진정한 자유의 윤곽이 비로소 뚜렷해진다.

— 슬로터다이크 Peter Sloterdijk, 《냉소적 이성 비판》

1.

당황할 수밖에 없었을 겁니다. 제 이야기가요. 노심초사 수십 차례 입사 시험을 준비했던 제자가 드디어 꿈에 그리던 대기업 정규직 사원이 되었습니다. 하긴 지방 중소도시만 가더라도, 과거와는 다른 현수막이 눈에 띄는 것이 요즘 현실 아닙니까. 과거에는 '축! 사법시험 합격' 뭐 이런 것이 붙어 있었던 마을 입구에 요새는 '축! 삼성전자 입사'라는 현수막이 붙어 있거든요. 그만큼 취업은, 그것도 대기업 정규직으로 취업하는 것은 하늘의 별 따기인 세상이 된 겁니다. 대기업 입사가 개인을 넘어서 가족뿐만 아니라 마을의 경사로 자리 잡은 것도 다 이유가 있었던 겁니다. 그러니 과거 대학에서 철학을 강의할 때 만났던 제자가 어떻게 흥분하지 않을 수 있었겠습니까. 그동안 도서관과 학원만 전전하던 불쌍한 삶을 위로라도 받으려는 듯이, 그는 지금까지 만나지 않았던 여러 사람들을 만나러 다니나 봅니다. 마침내 제 차례가 된 것 같습니다. 커피를 사 달라고 하더군요. 조금 있으면 한 달 동안 연수원에 들어간다고 분주한 척하면서 말이지요.

철학 선생이라고 저를 잊지 않고 찾아온 제자가 대견하고 고맙기도 했지만, 스승으로서 무엇인가 도움이 될 만한 이야기를 해 주고 싶었습니다. 한참 그동안의 고뇌와 불안을 토로하던 제자에게 저는 말했습니다. "얘야! 이제 네게 한 가지 알려 줄 게 있다. 네 입사 기념으로 말이야." 눈을 똘망거리며 제자는 무엇인가를 기대하는 듯이 제 입을 쳐다보았습니다. "이제 취업을 했으니, 언제 회사를 떠나야 할지 알려 줄게." 그래서 제자는 당혹스러워했던 겁니다. 아마 제가 미친 줄, 아니면 자신이 취업한 것을 질투하는 줄 알았을지도 모를 일입니다. 어떻게 한 입사인데, 불길하게 퇴사를 먼저 이야기하느냐는 볼멘소리가 눈동자에 가득했으니까요. 제자의 당혹감을 뒤로하고 저는 담담하게 이야기를 건네주었습니다. "'이 회사가 아니면, 다른 곳에서는 절대로 못 먹고살 거야'라는 생각이 들거든, 바로 회사를 떠나야 한다. 알겠니?"

아직도 무슨 말인지 이해가 되지 않는 듯이 제자는 고개를 갸우뚱거립니다. 그래서 저는 더 자세히 말해야만 했습니다. "회사에 절대적으로 의존하는 순간, 너는 회사의 눈치를 보면서 업무에 관한 네 입장이나 생각, 혹은 회사를 변화시킬 수 있는 창조적인 제안도 할 수 없을 거야. 당연히 너는 회사 상사의 입장을 맹목적으로 따르는 존재감이 없는 회사원이 되겠지. 어쩌면 그런 이유로 너는 정리해고 1순위가 될지도 몰라. 존재감이 없는 직원부터 정리해고를 하는 법이니까. 그러니까 얘야, 이 회사 아니면 못 먹고산다는 느낌이 드는 순간, 너는 회사를 떠날 마지막 기회를 얻은 셈이야. 그러니 항상 가슴 한편에 사표 한 장을 써 넣고 회사에 다녀라. 그래야 당당해진다. 그런 당당함이 있어야 너는 회사에 대해 적극적으로 발언하는 소신 있는 회사원이 될 수 있어. 그럼 회사에서도 너를 함부로 대우하지 못 할 거다. 알겠니?"

그제야 제자는 제가 퇴사 이야기를 한 이유를 납득했는지 희미하게 미소를 짓습니다. 다행입니다. 영민한 제자라 금방 이해해서요. 기분이 무척 좋았던 탓일까요? 저는 굳이 하지 않아도 될 이야기를 이어갔습니다. "회사만이 아니다. 결혼을 해도 마찬가지야. '이 남자 아니면 나는 살 수가 없어', 혹은 '내 자식이 아니면 나는 살 수가 없어' 이런 생각이 들 때가 남편이나 자식을 떠나야 할 때야. 아니면 너는 네 삶을 살아 내지 못하고, 남편이나 자식이 원하는 것을 그대로 따르는 수동적인 삶을 살 테니까 말이다. 죽을 때까지 명심해라. 어디에도 의존해서는 안 된다. 그 순간 네게 우울한 삶이 펼쳐질 테니까. 항상 떠날 자유와 용기가 있는 사람만이 자신의 속내를 당당하게 피력할 수 있는 법이다. 아이러니한 것은 그럴 때 남편도 그리고 자식도 너를 행복하게 만들려고 노력할 거야. 행복하게 해 주어야, 아내가 그리고 엄마가 내 곁을 떠나지 않는다는 것을 아니까. 이제 알겠니? 자유롭고 당당한 사람만이 누군가를 제대로 사랑하고 사랑받을 수 있고, 일을 제대로 소신껏 처리할 수 있고 인정도 받을 수 있단다."

2.

과거에는 주로 경제적 이유로 아이를 낳았습니다. 아이들은 자라서 부모를 봉양하는 일종의 보험이나 연금과 같은 존재였던 겁니다. 그래서 딸보다 아들을 더 귀하게 생각한 겁니다. 똑같이 먹여 키워도 딸보다 아들이 가격대비 만족도가 좋으니까요. 사실 열 살이 넘으면 아들은 쌀가마니를 거뜬히 들지만, 먹은 것은 아들과 마찬가지인데 딸은 그렇게 힘을 쓰지는 못합니다. 더군다나 딸은 얼마 지나지 않아 출가해서 남의 집 며느리로 가야 한다는 것이 아들을 선호하는 또 한 가지 이유가 되었을 겁니다. 그렇지만 아들도 불안하기만 합니다. 나중에 자라서 부모를 봉양하지 않을 수도 있으니까요. 과거에 그렇게 '효孝'라는 가치를 강조했던 것도 보험의 확실성을 위한 것이었죠. 보험회사가 부도가 나면 보험증서가 휴지조각으로 변할 수 있는 것처럼, 잘 먹여서 키웠는데 나중에 늙은 부모를 나 몰라라 할 수도 있으니까 말입니다.

지금은 아이들을 종교적 이유, 그러니까 심리적인 이유로 낳습니다. 경제적 이유라면 아이를 낳는 것은 그야말로 미친 짓입니다. 아이를 기르는 데는 중형 자동차를 모는 것과 같은 유지비가 듭니다. 갈수록 그 유지비는 천정부지로 치솟을 겁니다. 치열한 경쟁으로 점철된 외로운 대도시 생활과 자본주의의 가혹한 압박에 지친 일상에서 아이는 일종의 안식처 구실을 하니까 말입니다. 그러니 종교 단체에 헌금을 바치듯이, 어머니들은 자신의 아이에게 모든 것을 바치려고 합니다. 경제 수준에 어울리지 않는 고가의 유모차, 고가의 유아복 등에 자신들이 애써 벌어 온 수입 중 많은 부분을 헌금처럼 바치곤 합니다. 신에게 기도할 때 내가 원하는 것을 해 달라고 기원하지는 않습니다. 그저 신의 뜻대로 하시라고 기도하지요. 아이에게 잘하는 것도 마찬가지입니다. 나중에 늙은 부모를 봉양하라고 더 이상 요구하지는 않습니다. 그래서일까요. 요즘 부모들은 연금이다, 보험이다 해서 스스로 미래의 고독하고 노쇠한 삶을 준비합니다.

아무리 '신의 뜻대로 하세요'라고 기도해도, 우리는 신이 자신의 말을 들어주기를 바랍니다. 마찬가지로 신처럼 받들고 정서적으로 아이에게 의존한다고 해도, 우리는 아이가 자신의 말을 잘 따르기를 바랍니다. 그렇지만 과연 이것이 가능할까요. 항상 헌신적으로 아이를 돌보는 어머니 한 분을 생각해보세요. 그녀는 몸이 아파도 마음이 괴로워도 아이가 집에 돌아오면 묵묵히 식사를 차립니다. 아이 식사 준비를 한 번도 빼먹은 적이 없을 정도입니다. 그러나 과연 아이는 어머니의 존재감, 혹은 어머니의 사랑을 알기나 할까요? 그렇지 않습니다. 오히려 어머니가 식사를 늦게 준비하면 짜증을 내기 쉬울 겁니다. 어머니로서는 속상하기만 한 일입니다. 자신이 어떻게 저를 위해 노력하는지 모르고 짜증을 내는 아이가 밉기까지 할 겁니다. 그렇지만 과연 이것은 아이의 잘못일까요? 그렇지 않습니다. 이런 사태는 바로 어머니 본인이 초래한 것입니다.

어머니는 너무 아이에게 의존했고 자신의 감정을 내팽개치고 자신의 삶을 헌신했던 겁니다. 그래서 어머니는 스스로 독립된 개체로 아이에게 인식되지 않는 겁니다. 어머니가 슈베르트의 〈아르페지오 소나타〉를 듣고 너무 우울해졌다고 해 보죠. 이 경우 아이에게 식사를 준비해 줄 마음 상태는 아닐 겁니다. 이럴 때 어머니는 창밖을 보며 그냥 앉아 있으면 됩니다. 아이가 들어와서 밥을 달라고 하면, 쿨하게 이야기하는 겁니다. "밥을 할 기분이 아니야. 오늘은 우울하단다." 그러면 아마 아이는 라면을 끓여 먹든가, 냉장고를 뒤져 먹을 것을 찾을 겁니다. 이렇게 어머니가 자기의 감정에 솔직하고 당당하면, 놀라운 일이 벌어집니다. 이제 아이는 집에 들어오자마자, 어머니의 상태를 살피게 될 겁니다. 밥을 먹을 수 있나 없나를 확인해야 하니까요. 만일 어머니가 우울하다면, 아이는 어머니를 행복하게 해 주려고 노력할 겁니다. 밥을 먹어야 하니까요. 놀라운 일 아닌가요? 우리의 예상과 기대와는 달리 자신의 감정에 솔직하고 당당할 때에만, 그래서 언제든지 '노No'라고 이야기할 수 있을 때에만, 어머니는 인정받고 사랑받을 수 있다는 사실이 말입니다.

3.

《강신주의 다상담》 두 번째 권을 시작하면서 저는 현대 독일에서 가장 주목받는 철학자 슬로터다이크의 말을 인용했습니다. 슬로터다이크는 '노'라고 할 수 있는 사람만이 '예스'라고 할 수 있다고 말합니다. 그렇습니다. 직장에서 '노'라고 할 수 있는 사람만이 '예스'라고 할 수 있고, 가정에서 '노'라고 할 수 있는 사람만이 '예스'라고 할 수도 있는 겁니다. 아니 정확히 '노'라고 할 수 있는 사람의 '예스'야말로 진정한 의미의 '예스'라고 말할 수 있을 겁니다. 그리고 어느 경우이든 '노'라고 할 수 있는 사람만이 주목받고 사랑받을 자격을 얻을 겁니다. 당연한 일이지요. 모든 것에 '예스'라고 하는 사람을 누가 주목하고, 누가 사랑한다는 말인가요. 어차피 항상 내 말을 듣는 사람에게 왜 신경을 써야 하나요. 두 번째 권에는 노동의 세계와 정치의 세계에서 어떻게 살아갈지 고민하는 우리 이웃들의 속내를 모아 놓았습니다. 물론 그 고민을 한 방에 정리하는 실천적 명령은 바로 '쫄지 마!'라는 세 글자로 요약될 수 있습니다. 슬로터다이크라면 '노'라고 할 수 있어야 한다고 이야기했을 겁니다.

모든 것에 '예스'라고 하면 그 순간은 대충 모면할 수 있겠지만, 결국 무가치한 삶을 살아갈 수밖에 없을 겁니다. 당연한 일이지요. 회사의 CEO든 직장 상사든 무조건 그들의 말을 듣는 삶이 어떻게 살아 낼 만한 가치가 있을 수 있겠습니까. 가정에서 시어머니, 남편, 혹은 아이의 말이라면 무조건 '예스'라고 하는 것도 마찬가지고, 국가에서 대통령이나 국회의원과 같은 권력자에게 무조건 '예스'라고 하는 것도 마찬가지일 겁니다. 자신이 원하는 것을 부정하고 타인이 원하는 것을 수행하는 삶은 주인의 삶이 아니라 노예의 삶이니까요. 그렇습니다. 노예는 항상 '예스'라고 이야기합니다. 반면 주인은 '노'라고 할 수 있는 삶을 살아가지요. 물론 '노'라고 할 수 있기에 주인은 진정한 의미의 '예스', 그러니까 다른 어떤 것에도 쫄지 않고 '예스'를 이야기할 수 있지요. 그래서 슬로터다이크도 '노'와 '예스'를 자기의 감정과 판단대로 당당하게 말할 때 "자유의 진정한 윤곽이 비로소 뚜렷해진다"고 이야기했던 겁니다.

물론 항상 '예스'라고 했던 사람이 '노'라고 이야기하려면, 엄청난 용기가 필요할 겁니다. 여기서 묘한 아이러니가 생깁니다. 왜 속으로는 '노'라고 생각하면서 우리는 '예스'라고 할까요? 용기가 없어서 그랬던 겁니다. 애초에 용기가 있었다면, 어떻게 자기의 감정을 부정하면서까지 모든 것에 '예스'라고 했겠습니까. 그러니 '노'라고 말할 수 있는 것과 용기가 있다는 것은 동전의 양면과도 같고, 뱀이 자기 꼬리를 물고 도는 것과도 같은 겁니다. 그렇지만 명심하세요. 용기가 먼저 있어서 '노'라고 하는 것은 아니에요. 그냥 '노'라고 할 때, 우리에게는 없던 용기가 생기는 겁니다. 그러니 쓸데없이 담력을 기르려고 공동묘지에 가거나 공포영화를 볼 필요는 없습니다. 자신이 우유부단하다고 자꾸 자신의 내면을 들여다보면, 우리는 '노'라고 말하는 것에 더 쫄게 됩니다. 나의 관심이 '노'라고 말해야 하는 사태가 아니라 자꾸 마음에 집중하니까요. 그러니까 주어진 사태마다, 사건마다 그것이 내 감정과 생각에 부합되는지에만 주목하세요. 그리고 아니다 싶으면 과감하게 '노'라고 말하는 습관을 길러야만 합니다.

먹기 싫은 것을 먹으면서 '노'라고 말하기, 보기 싫은 영화를 보면서 '노'라고 외치고 극장을 떠나기, 만나기 싫은 사람과 이야기하면서 '노'라고 말하며 카페를 떠나기 등등. 작은 것에서부터 '노'라고 말하는 연습을 하세요. 그러니까 익숙한 것, 좋은 것, 유쾌한 것을 만나려고 하지 마세요. 불편한 것, 나쁜 것, 불쾌한 것 등등을 찾아서 직면하는 겁니다. 그러면 거의 반사적으로 우리는 '노'라고 느끼고 판단하고 말하게 될 겁니다. 그러니 낯선 곳으로 떠나는 여행이 가장 좋은 연습장이 될 수도 있을 것 같네요. 완전히 새로운 환경에서는 그나마 '노'라고 말하기가 훨씬 쉬우니까요. 이렇게 작은 것에서부터 조금씩 '노'라고 말하는 연습을 하다 보면, 어느 사이엔가 CEO, 선배, 선생님, 부모님, 그리고 자식에게까지, 심지어는 인간을 수단으로 전락시키는 자본주의나 인간을 지배하려는 정치권력에 대해서도 '노'라고 이야기하는 자신을 발견하게 될 겁니다. 바로 여기서 주인으로서의 당당한 삶이 천천히 그렇지만 확고하게 시작될 수 있을 겁니다. 파이팅!

일

구구단이 정리가 안 되니 진도가 안 나가요

이번에 이야기할 테마는 '일'입니다. 우리가 일에 대해서 일단 기본적으로 정리를 좀 해야 되거든요. 학창 시절에 저는 구구단을 못 외웠어요. 5~6단까지만 외우니까 대충 뒤쪽은 해결이 되더라고요. 그래서 안 외웠죠. 만약 9단을 외운다고 하면 6단에서 6×9가 54니까 9×6까지는 커버가 되는 거예요. 나머지는 9씩 더해 주면 되는 거예요. 그런데 무슨 문제가 벌어지냐면 시험 볼 때 구구단을 못 외워서 진도가 안 나가는 거예요. 일에 대해서 다룰 때에도 구체적으로 이렇게 우리가 하나씩 하나씩 고민하기 이전에 애초에 구구단 같은 것들이 정리가 안 되어 있기 때문에 고민이 생기는 경우가 사실 더 많아요. 여러분들의 고민을 다 읽고서 제가 가장 먼저 받은 느낌은 불쌍하다는 거예요. 저도 사실은 어느 정도 공감하는 부분들이 있거든요. 그러니까 나도 불쌍하고 여러분도 다 불쌍하다는 생각을 했습니다. 그래서 일단 일이 무엇인지, 그리고 일을 어떻게 생각해야 하는지부터 한번 정리를 해 보기로 해요.

'일자리'라는 표현 아시죠? 매번 그렇지만 전 일에 대해서 이야기할 때마다 우리 사회의 가장 큰 병폐 중 하나가 일을 돈으로만 생각하는 것이라고 봐요. 자기가 어떤 일을 한다고 했을 때 우리 사회는 돈을 버는 것에만 초점을 맞추죠. 돈을 벌 겠다는 초점만 있는 사람들에게 일이 뭐가 중요해요? 돈만 벌면 되죠. 그래서 여러분이 일에 대해 갖고 있는 고민, 문제 자체가 '내가 일을 하고 싶은 것인지, 돈을 벌고 싶은 것인지'인 거예요. 대개의 경우 일을 못해서 스트레스를 받는 게 아니라 돈을 못 벌어서 스트레스를 받는 거거든요. 자세히 생각해 보세요. 문제는 일이 아니라 돈일 겁니다. 그러면서 '나만의 일을 하며 자아 성취를 하고 싶은데 일이 없네'라고 생각하는 건 허영이에요, 허영.

여기 몇몇 분들은 '왜 일을 해야 되냐'는 질문을 합니다. 이런 분들은 본질을 잃은 거예요. '돈만 벌면 되는데 왜 일을 해야 되냐', 이게 여러분들의 딜레마인 거예요. 날로 벌어야 되는데.(웃음) 그러니까 여러분들은 일을 부정하는 분들이에요. 일, 소중한 일은 다 돈벌이로 받아들이는 거죠. '내가 무슨 일을 한다'는 건 '돈을 번다'는 거예요. 여러분들의 고민을 읽어 보고 나서 제가 받은 느낌은 자본주의에 찌들 만큼 찌들었다는 생각이었어요. 돈과 무관한 일에 대한 고민은 없어요. 대부분 '돈만 많았으면 이걸 때려 치웠는데!' 이런 거예요. 물론 표면적으로는 돈과 관계없는 고민도 있어요. 예를 들면 직장에 새로 온 후배가 자신과는 다르게 상사 눈치를 보지 않고 편하게 굴어서 짜증난다는 겁니다. 하지만 이분이 돈만 많았으면

이 꼴 저 꼴 안 보고 그만두면 되는 문제로 보여요. 결국 일을 고민한다고 하지만 저는 돈이라는 문제가 너무 강력한 것으로 느껴져요.

돈과 무관한 일을 해 보신 분 있나요?

돈과 무관한 일 해 보신 분 있나요? 〔봉사활동!〕 봉사활동? 〔완전 무료로 하는 거예요.〕 무료라는 인식도 문제가 있어요. 우리 머릿속은 다 이렇다고요. 봉사는 무료로 돈 안 받고 하는 거라는 인식이죠. 여기에서도 또 돈이 우리한테 들어오는 거예요. '돈을 안 받고 했으니까 더 가치 있는 거야'라는 느낌이 있는 거죠. 어쩌면 매번 돈 받고 일하니까 어느 순간에 짜증이 나서 한 번의 기이한 행각을 하는 게 봉사일지 몰라요.(웃음) 뭔가 짐승처럼 사는 것 같은 느낌이 들고, 뭔가 인간다워야 할 것 같을 때, 우리가 하는 게 봉사일 수도 있다는 거죠. 봉사라는 것의 바닥에도 돈이 되는 일과 돈이 안 되는 일의 구분이 있는 거죠. 그래서 봉사도 돈과 완전히 무관한 일은 아니라고 할 수 있습니다. '돈을 받지 않고 하는 일'이라고 하는 인식에 이미 '돈'이 중요하다는 생각이 깔려 있으니까요.

돈도 안 되고 봉사도 아닌 일을 해 보신 분? 〔농사요.〕 농사요? 상담 신청 안 하셨죠? 이분은 저한테 고민을 이야기할 필요가 없거든요. 하기 싫으면 작물을 안 심으면 되니까요. 직접 드시려고 상추나 고추 같은 거 심으시죠? 〔고추랑 콩 심었어요.〕 벌레 잘 안 꼬이는 것들이죠? 농약 많이 안 뿌려도 되고 손도 안 가고 그냥 심어 놓으면 그냥 자라는 것들.(웃음) 물론 마트에서 사는 채소가 비싸서 스스로 농사를 짓는다면, 저분에게도 역시 '돈'이 뇌리에 있다고 할 수 있습니다. 그렇지만 저분은 농사를 짓는 것이 좋고요, 그리고 그 결과로 수확물이 있으면 먹는 겁니다. 물론 완전히 농사가 망하면 기분이 나쁘겠지만요. 그래서 저분이 우리 논의의 실마리인 거예요. 우리에게 저 활동이 없어져 버렸으니까요. 이젠 우리가 하는 일들이 모두 다 돈과 노골적으로 관련되어 있어요. 그래서 일단 일을 이야기할 때 돈과 무관한 다른 일의 가짓수들을 생각해 봅시다.

일일부작 일일불식: 일하지 않으면 먹지도 말라

여러분, 딱 여덟 글자의 한자는 외우고 가는 거예요. 일일부작 —日不作 일일불식—日不食. 이 말은 당나라 때의 백장百丈이라는 스님의 말입니다. 저는 일과 관련된 이야기를 할 때면 항상 백장 스님의 이야기가 생각나요. 이 스님의 이야기가 여러분들 가슴에 많이 와 닿았으면 좋겠어요. 일일부작 일일불식이라는 말의 해석은 쉽죠? '하루 일하지 않으면 하루 먹지 않는다.' 몇몇 분들이 어떻게 하면 일을 안 하고 먹을 수 있을지, 날로 먹겠다는 고민을 하는 것과 사뭇 다르게 백장 스님은 이렇게 말했어요. "일일부작 일일불식." 이건 일을 하지 않으면, 혹은 일을 못 하면 죽겠다는 이야기예요. 혹은 그만큼 목숨처럼 생명처럼 일이 중요하다는 거지요. 못 먹으면 죽으니까. 일하지 않으면 죽어야 돼요. 복잡하게 읽을 수도 있지만 이 이야기는 우선 언제 우리가 눈감아야 할지 가르쳐 주는 이야기예요. '일을 못 하면 죽는다'라는 것, 무서운 이야기 같죠? 그런데 이 이야기는 해고되면 죽어야 된다는 이야기가 아니에요. 일이거든요, 일. 할아버지가 되고, 다리가 잘린 환자가 되어도 돼요. 아기 기저귀라도 하나 갈고 마당이라도 빗자루로 쓰는 거예요. 그렇게 움직이면 먹어도 된다는 겁니다. 우리가 죽어야 되는 때는 움직이지 못하고 일을 못 하게 됐을 때입니다.

　이 기준은 매우 중요합니다. 거꾸로 이야기해 볼까요? 이 세상에 나쁜 놈이 누굴까요? 일을 안 했는데 먹는 사람들입니다. 사회철학의 근본 강령 중 하나는 일하지 않은 자는 먹지도 말라는 겁니다. '정의'란 바로 이걸 말하지요. 그러니까 '일일부작 일일불식'은 정의의 황금률이라고 해도 지나친 말은 아닐 겁니다. 사회적 억압이 있다는 것은 일하지 않았는데 먹는 사람들이 있다는 의미니까요. 그래서 백장 스님의 사자후는 정의롭게 사는 사람들의 실천 강령이라고 할 수 있지요. 일하지 않으면 먹지도 말라. 사회철학과 정치철학이 거기에 기초해 있어요. 특히 진보적인 철학은 더욱 그렇죠. 일을 안 하고 먹는다는 건 누군가의 것을 빼앗아 먹는 거예요.

 사람들이 죽었다가 깨어나도 재벌이 되려고 하고, 이건희가 그렇게 난리를 해서 아들인 이재용한테 돈을 주려고 하는 건, 일 안 하고 먹으라는 거예요. 나쁜 새끼들이죠. 그게 신분사회인 거예요. 우리는 지금 신분사회에 살고 있어요. 돈으로 처발라서 자기 자식들 대학 보내잖아요. 제가 86학번인데, 제가 대학을 다녔을 때는 동창회나 동문회를 하면 바벨탑이 무너지는 줄 알았어요. 전국에서 다 오니까 무슨 말인지를 못 알아들어요. 약간 술 취해서 화장실에 갔다 오면 이상한 외국어가 들린다니까요. 그런데 요새는 명문대라는 데에는 다 강남 아이들이 들어가잖아요. 입학사정관제도요? 입학사정관제도에서 뭘 하겠어요? '너희 아버지가 대법관이냐', 뭐 이렇게 되는 거예요. 어느새 서울대, 연·고대가 다 서울 출신, 강남 출신 학생들로만 채워져 있어요. 여기에도 그 혜택 받은 사람들 분명히 있을 거예요. 부모의 부가 자식에게 그대로 물려지는 사회를 계급사회, 귀족사회, 신분사회라고 부르는데 바로 우리 사회의 모습이죠.

여러분들이 할아버지, 할머니가 되었을 때 몸이 움직이지 않아서 집 청소도 못할 때, 그때가 죽을 때인 겁니다. 백장 스님은 제자들에게 이것을 가르쳤습니다. 백장 스님은 할아버지가 되어서도 진짜 열심히 일을 했어요. 쟁기로 열심히 농사를 지었죠. 그러다 너무 나이가 들어 노안으로 앞이 잘 보이지 않아서, 스님은 쟁기도 잘 찾지 못하게 된 거예요. 그러자 상좌 스님(큰 스님 밑에 있는 2인자 스님입니다)이 백장 스님의 쟁기를 숨깁니다. 그런데 쟁기를 숨겼더니 백장 스님이 먹기를 거부해요. 그냥 드셔도 된다고 해도 안 먹어요. 그냥 굶어요. 그래서 결국 다시 쟁기를 갖다 줬죠. 그러자 쟁기를 들고 나가서 일을 하고 식사를 하는 거예요. 쟁기를 못 든 그날 백장 스님이 세상을 떠나요. 일을 안 했으니까요. 먼저 이 이야기를 하는 것은 이 이야기의 함의가 굉장히 크기 때문입니다. 일을 한다는 건 살아 있다는 거고, 뭔가를 한다는 거고, 먹을 자격이 있다는 거예요.

만약에 젊은 분들 중에서 날로 먹겠다는 분들이 있다면 분명히 어머니, 아버지를 착취할 거예요. 아주 가증스런 옛날의 왕족처럼 지내는 거예요. 일하지 않으면 먹지도 말아야 하는 거예요. 집에서 놀아도 되고, 취업을 안 해도 됩니다. 상담을 하신 분 중에 하루키를 인용하면서 일하기 싫다고 피력하신 분이 있어요. "돈은 필요했지만 일을 하고 싶지는 않았다"라고요. 일을 안 하고 먹는다는 건 누군가의 것을 빼앗아 먹는 거예요. 그러니까 이렇게 생각을 하시는 분들은 착각에 빠진 거예요. 지금 나를 사랑하는 사람이 얼마나 있는지, 나를 아껴주는 사람이 얼마나 있는지를 모르는 거죠. 그러니까 취업은 안 해도 돼요. 하지만 집 청소도 하시고, 설거지도 하세요. 일을 하면 먹을 자격이 있어요.

친구네 갔을 때 좀 미안할 때 있죠? 친구가 나한테 맛있는 것도 해 주고 잘해 줄 때. 그럼 그 집 이불이라도 빨아요. '잠깐, 내가 이불 빨고 올게' 이렇게요.(웃음) 웃을 일이 아니라 우리 그렇게 살아야 되는 거예요. 그래서 백장 스님이 관철시킨 거잖아요. 그런데 아까 쟁기 숨긴 상좌 스님, 그 스님이 아주 나쁜 새끼예요. 그 새끼가 권좌를, 권력을 만들고 있어요. 일하는 사람과 일하지 않는 사람을 나누죠. 군대 갔다 오신 분들은 알죠? 병장이 졸병들과 함께 삽질할 때, 상병이 반드시 그 병장한테 가서 이야기한다고요. '병장님, 짬밥이 있지 어떻게 일을 하십니까? 이렇게 눈보라 치는데 들어가세요' 이렇게 이야기하는 상병은 병장이 내무반에 들어가면 절대 자기가 일을 안 해요.

백장 스님이 왜 죽을 때까지 일을 했어요? 수행의 공동체에서는 모두 다 일하는 거예요. 무위도식하는 놈이 없어야 된다고요. 그러려면 누가 먼저 해야겠어요? 병장이 먼저 해야 되잖아요. 병장이 막 삽질을 해야 상병도 삽질을 하는 거죠. 그런데 상병은 삽질을 하면서 이런 생각을 하는 거예요. '내가 이 짬밥에 아직도 삽질해야 되냐'라면서요. 그러니 상병은 병장만 들여보내면 되는 겁니다. 그리고 자기는 일 안 하겠다는 거죠. 백장 스님은 그걸 안 거예요. 죽을 때까지 일을 한다, 죽을 때까지. 그래야 큰 스님이든 저기 밑에 연애 문제로 좌절하고 얼떨결에 머리 깎고 들어온 신입 스님도 똑같이 일을 하는 거죠. 모두가 일하는 사회, 다 일을 하는 겁니다. 그래서 각자 배불리 먹으면 돼요. 이게 백장 스님이 우리한테 가르쳐 준 거예요. 백장 스님 머리에 '이 일을 해서 돈을 받아야 된다'라는 건 없어요. 일을 하는 게 소중한 거예요. 일을 할 수 있다는 건 살아 있다는 것이기 때문이죠.

여러분들 가운데 집에서 일 안 하고 가만히 있는 분들도 있을 거예요. '아, 편하다. 이 집 안 나가면 대박이다'라면서요. 계속 편하다, 편하다 생각하지만 잘 생각을 해 보세요. 착각에 빠져 있는 것은 아닌지. 조그만 의자 하나 못 옮기는 내가 이 세상에 존재해서 뭐해요? 내가 아껴 주는 사람 안마도 못 해 주는데 살아서 뭐해요? 그런데 여러분들은 돈벌이만 되는 게 일이라는 자본주의에 찌들어 착각하고 있어요. 그래서 이 세상에 얼마나 많은 일들이 있는지 모른다고요.

팔리는 일과
팔리지 않는 일

대학에서도 문제가 정말 심해요. 대학에서도 여러분들 다 자본에 팔릴 것 같은 예감이 드는 것만 공부하죠? 학부 때 철학 수업을 들었던 분이 있나요? '아, 이번에 독일관념론을 들어서 마음의 신비를 파헤쳐 봐야지', '다음 학기에는 플라톤의 이데아의 세계로 가 볼 거야', 이러셨던 분 있어요? 면접시험에 전혀 도움이 안 돼요. 예를 들면 한국 굴지의 왕조 그룹 삼성 면접시험에서 면접관이 이렇게 물어봐요. '학창 시절에 뭐가 제일 좋았나?' 그런데 '역시 독일관념론이죠' 이러면 취업이고 뭐고 안 되거든요.(웃음)

돌아보세요. 여러분들이 일을 하려고 준비하는 과정, 스펙 쌓는 과정들을 돌아봐요. 여러분들이 어떻게 여러분들이 일하는 것을 폄하시켜 왔는지. 내가 배우는 모든 것들을 어떻게 돈 받고 팔려야 되는 것으로 만들었는지. 여러분들은 좋아서 했던 일이 거의 없는 거예요. 그러다 보니 일이 싫은 거고요. 그러니까 쉬고 싶은 거예요. 막상 집에서 쉬면 또 할 일도 없죠. 이런 악순환에 빠지는 거예요. 연습이 전혀 안 되어 있어요. 조그만 콩 하나도 못 키워 봤고 혼자선 진짜 아무짝에 쓸모없어요. 여러분들은 일을 부정합니다. 일을 자본의 입장에서 생각하는 거예요. 팔리는 일과 팔리지 않는 일. 여러분은 팔리지 않는 일은 가치 없대요. 팔리는 일만 가치 있다는 거죠. 그렇게 팔리는 일 가지고 취업했으면 잘 살면 되잖아요? 그런데 왜 싫은지 아세요? 내가 원하는 일이 아니니까요.

그거 해서 쌀이 나오니, 밥이 나오니?

우리의 출발은 자본주의가 우리의 일을 왜곡한다는 것을 아는 것에서부터예요. 제가 꼬맹이 때 허튼짓을 하고 있으면 항상 어머니가 그러셨어요. "야! 그거 해 봐야 돈이 나오니, 쌀이 나오니?" 이 얘기 들어 보신 분 많죠? 그때 저는 당당했었어야 해요. 그때 그게 제가 좋아서 했던 일이란 말이에요. 우린 이걸 잃어버린 거죠. 어머니가 자본주의의 사도였던 거예요. 꼬맹이 때부터 나중에 취업을 할 수 있는 일을 하라는 거죠. 문학책을 읽거나 음악을 들으면 '그거 해서 돈이 나오니, 쌀이 나오니'라는 어머니 이야기를 많이 들어야 했어요. 곰곰이 고민을 해 봤자 어린 나이인데, 돈도 쌀도 안 나온다는 생각이 금방 드는 거죠. 이러면서 우리는 실패하는 거예요. 그러다 우리는 내가 가장 즐겁게 했던 일들을 잃어버리게 된 겁니다. 병신이 된 거예요. 그리고 중학교, 고등학교, 대학교 가면서 한 번도 내가 원했던 일을 못한다고요.

　　명문대 다니는 사람들은 사실 독한 놈들이에요. 자기가 원하지 않은 것들을 그렇게 능숙하게 잘해서 학점을 잘 따고, 스펙 잘 쌓는 사람들은 독한 놈들이에요. 우리가 원하지 않는 것들을 그리 잘한다는 건 마치 싫어하는 개고기를 먹는 것과 같은 거예요. 우리같이 평범한 사람들은 개고기 싫어하면 뱉잖아요. 그러니까 우리는 이렇게 있는 거고요.(웃음) 명문대 다니는 사람들은 개고기를 먹어야 된다고 하면 싫어도 입에 쑤셔 넣어서 소화시키는 놀라운 독기를 갖고 있는 거예요. 자기가 원하지 않는 걸 가장 잘하는 순서가 사실 소위 명문대의 순서예요. 친구가 보고 싶을 때 보지 않는 애들이니까요. 아주 독한 애들이죠.

　　자본주의 사회에서 우리는 일을 부정하게 됩니다. 일을 폄하하죠. 이건 어느 순간부터 우리 스스로 돈을 벌기 위해 자신을 노예로 자처하면서부터 시작되는 거예요. 우리가 하는 모든 일들이 내가 원하는 일이 아니라 자본이 나중에 원할 것 같은 스펙과 관련된 일들이 되면서 일을 부정하게 되는 거죠. 어차피 나의 일이 아니라 자본이 요구하는 일이니, 일 자체를 무가치하게 생각하게 되는 거예요. 일은 단지 돈을 벌기 위한 수단으로 전락하게 되죠. 그래서 일을 긍정적으로 하려면 자본주의의 강도가 지금처럼 세지면 안 되는 거예요. 자본주의가 세지면 세질수록 일은 돈보다 열등한 것으로 전락할 테니까요.

그래서 가장 먼저 살펴본 게 '일일부작 일일부식'이라는 말입니다. 이 당당한 말. 뭐를 해도 돼요. 승방을 청소해도 돼요. 백장 스님이 고무신 정리라도 하시면 그날은 밥 먹는 날인 겁니다. 그런데 좀 아이러니 하지 않아요? 그것도 정리 못 하면 사실은 죽기로 결정할 필요도 없어요. 죽어 가고 있는 거니까요. 여러분들도 나중에 그렇게 죽었으면 좋겠어요. 언제 죽어야 되는지 아시겠죠? 손이 잘 안 움직이고, 내가 짐이 됐을 때요. 아무 일도 안 하고 먹으면 누구 걸 빼앗아 먹는 거잖아요. 그걸 해선 안 돼요. 그럴 때 백장 스님은 이 세상을 떠나요. 언제 죽어야 된다고요? 일하지 못할 때. 도화지에 그림 하나 못 그릴 때. 콩 같은 것도 못 키울 때 죽어야 돼요. 음악도 제대로 못 듣고 시디플레이어에 시디 하나 못 넣게 될 때. 그럴 때 죽어야 하는 거죠.

해야 될 게 없는데 왜 살아요?

다 일이에요. 일은 굉장히 많아요. 그런데 여러분은 일을 돈 되는 일과 돈 안 되는 일을 구분하고, 돈 안 되는 일은 다 죽여 버리잖아요. 돈 안 되는 일은 내가 원하는 것, 내가 즐거운 것인데 말예요. '내가 원하는 일들을 어떻게 찾을까?', 이게 지금 문제인 거예요. 주인으로서의 삶은 여기서 결정되는 거예요. 여러분들 고민의 대부분은 노예의 투정이에요. 대개 노예는 노예인데 일은 안 하고 밥만 먹고 싶다는 내용이에요. 밥을 먹을 수만 있으면 된다는 노예적 절박함이라고 해야 할까요?(웃음) 저는 '아, 이분들은 살아 있을 이유가 없구나'라는 생각이 들면서 서글펐습니다. 만약 해야 할 게 있다면 우리는 더 오래 살아야 해요. 가령 내가 파리에 진짜 가고 싶다면 걸어서라도 가야 되고, 헤엄쳐서라도 가야 돼요. 내가 움직여 가야 할 곳이 있고, 내가 움직일 수 있고, 내가 하고 싶은 것이 있을 때, 우린 건강하게 더 오래 살아야 되죠? 그런데 여러분들은 해야 할 게 없는 거예요. 왜 살아요? 할 게 없으면 죽어야죠.

여러분 잘못은 아니에요. 너무나 많은 시간이 흘러와서 망가진 것뿐이에요. 어릴 때 어머니에게서부터 들어 왔던 그 이야기. 그거 해서 쌀이 나오느냐, 돈이 나오느냐는 그 이야기. 쌀도 안 나오고 돈도 안 나오는 그 일을 할 때 너무 좋았었잖아요. 종이접기 너무 좋았었잖아요. 그런데 '그거 해서 쌀이 나오니, 돈이 나오니?'라고 하는 이야기를 우리가 받아들일 때 우리는 이미 끝난 거예요. 이 이야기를 받아들인 지가 너무 오래됐어요. 10년, 20년 지났을까요? 지금에서야 그걸 찾고 싶죠? 어떤 분은 이런 질문을 했어요. "제가 진짜 원하는 일이 뭔지 모르겠어요." 10년, 20년 전 일인데 당연히 모를 수밖에요. 이분은 직장을 다니는 분인데 그래도 본인이 노예로 살고 있는 건 아는 거죠. 자신이 하는 모든 일들이 CEO나 월급 주는 사람이 좋아하는 일이라는 건 아는 겁니다.

노예와 주인

타인이 원하는 일을 하는 사람을 노예라고 부르고 내가 원하는 일을 하는 사람을 주인이라고 부릅니다. 내가 직장에 다니면서 하는 일은 내가 원하는 건가요? 기껏 대학 나와서 됐다는 게 최고급 노예인데, 이제 돈 좀 들어오니까 찝찝한 거예요. 내가 원하는 일이 아니니까요. 이건희가 원하는 일 하는 거 아니에요? 그러면 노예인 거예요. 노예가 별거 아니에요. 타인이 원하는 일을 하는 걸 노예라고 부른다고요. 일하는 걸 싫어하는 게 노예의 근성이에요. 내 일이 아니니까요. 주인이 감시를 소홀히 하면 쉬고 싶단 말이에요. 노예가 가장 원하는 게 뭔지 아세요? 주인한테 음식은 얻되 일은 안 하는 거예요. 이 메커니즘 이해되지 않아요? 우리의 목적은 뭐예요? 늦게 출근해서 일찍 퇴근하기. 바로 노예의 모토예요, 노예의 모토. 반면 자기가 좋아하는 일을 하는 저 초등학교 꼬맹이들이 게임할 때 보면 그렇지 않죠. 멸사항쟁의 각오로 오늘 아이템을 몇 개 모은다고 하잖아요.

제 집필실이 광화문에 있는데, 가끔 광화문에서 사람들을 생태학적으로 관찰하면 패턴이 보여요. 광화문에는 직장이 많죠. 오전 8시에서 9시 사이에 사람들이 막 모여들고 우르르 각자 사무실로 들어가요. 그런데 들어간 지 얼마 안 되서 11시 30분이 넘으면 사람들이 조금씩 나오기 시작해요. 밥을 먹으려고. 그러면 밥을 먹다가 12시 30에서 40분쯤 되면 커피 가게로 막 들어가요. 그리고 1시 좀 넘으면 직장에 들어가서 5시가 넘어가기 시작하면 우르르 나와요. 해맑은 모습으로요. 제가 그래서 어떤 분한테 직장인들은 오후만 일하니 오전에 쉬게 하자고 했어요. 그랬더니 그분 이야기가 오전에 불러서 그렇게 뭉그적거리게 해야 오후에 일을 하지, 사람들을 1시에 나오게 하면 일한다고 워밍업하고 인터넷 보고 커피 마시고 어제 포털에 나왔던 거 다 이야기하고 일 시작하면 일하는 시간 달랑 30분밖에 안 된다고요.

우리는 노예로 살죠. '어떻게 하면 일을 안 할까', 이 생각을 하죠. 백장 스님이랑 다르죠? 백장 스님은 일을 안 하면 죽어야 하거든요. 하지만 우리는 어떻게 하면 일을 안 할까를 생각하는 노예로 살죠. 일에 대한 고민을 할 때, 일단은 노예라는 자각에 이르러야 해요. 여러분이 주인으로서 못 살고 있다는 자각. 대학을 다닌다는 건 최고급 노예가 된다는 거죠. 내가 원하는 걸 하는 데 돈을 쓰는 게 아니라, 기업이 원하는 걸 배우기 위해 그 비싼 등록금을 내잖아요. 여러분 토익 좋아해요? 영어를 좋아해서 영어 공부하신 분 있어요? 대부분 우리는 영어가 좋아서 공부하는 게 아니죠. 영어 능력을 원하는 자본에 팔려고 영어를 공부하는 거죠. 손님에게 팔리기 위해 화장을 하는 매춘부처럼 말예요. 그래서 마르크스Karl Marx가 자본주의 시대를 "보편적 매춘의 시대"라고 이야기했던 거예요.

재미있지 않아요? 옛날에 노예를 부릴 때는 때리면서 강제로 노예한테 기술을 가르쳤어요. 자본주의 사회는 묘하게 자유롭습니다. 자본주의의 중요한 키워드 중 하나가 '자발적 복종'이에요. 한 단계를 건너뛴 거죠. 누가 시키지를 않아요. 옛날엔 노예가 잡혀 와서 일을 제대로 하나 안 하나 감시당했죠. 그리고 능력 있는 노예가 있으면 가령 그 노예가 배를 만드는 게 좋겠다면서 억지로 배 만드는 기술을 가르쳐요. 지금은 거꾸로 됐어요. 이게 참 묘하다니까요. 만약 여러분들 회사의 사장이 제 책을 읽고서 인문학적으로 성숙해졌다고 쳐요. 그래서 이 사장이 가만히 생각해 보니까 내가 직원들을 착취하고 있는 것 같고, 내가 사람들을 너무 부리는 것 같은 거예요. 그래서 여러분을 다 불러 모아요. 그러더니 '내가 드디어 어제 《자본론》을 다 읽었다. 내가 너희들을 착취하는 것으로 판명이 됐다. 회사는 문 닫는다. 나가!'라는 겁니다. 느낌이 어때요? 무엇인가 잘못됐다는 싸한 느낌이 들지 않나요?

　옛날의 노예는 탈출을 하려고 했는데, 우리는 나를 써 달라고 해요. 이게 자본주의의 비법이에요. 나를 써 달라고 하는 거죠. 자유의 느낌이 없어요. 사장이 '그만둬!'라고 하면, 진정한 자유인은 '땡큐!' 라고 해야 되는데 우리는 옆에 있는 회사로 가요. 이력서에는 거의 자기가 빌 게이츠라고 쓰고, 성형수술 해서 사진도 좀 박아 넣고요. 그렇게 해서 옆집에 또 들어가야 된다고요. 이상하지 않아요? 내가 스스로 노예로 들어간단 말이죠. 옛날에는 채찍으로 때려서 어떤 기술을 가르쳤는데 자본주의의 특징은 자기가 더 잘 쓰이고 더 많은 돈을 벌기 위해서 주인이 원하는 걸 배운다는 겁니다. 혹시 스와힐리어 아시는 분 있어요? 아프리카에서 사용하는 언어예요. 이건희가 갑자기 앞으로 삼성에 입사하려면 스와힐리어를 해야 한다고 하면 단언컨대 서울대, 연대, 고대부터 온 대학 앞에 스와힐리어 학원이 생길 거예요. 대학에 강좌가 생기고, 심지어 스와힐리어 학과도 생겨요. 그게 우리의 모습인 겁니다.

　영화를 볼 때 우리는 자기가 좋아하는 영화를 보려고 돈을 내잖아요. 그런데 진짜 웃긴 게, 대학교에 가면 좋아하는 과목을 안 들어요. 여러분들 좋아하는 과목 들은 적 있어요? 이거 재미있겠다 싶어서 들은 수업 있어요? 돈을 냈으면 향유하고 즐거워야 되잖아요. 그런데 등록금을 내자마자 일이 복잡해져요. 누구를 위한 등록금인가요? 정확하게는 자본가들을 위한 등록금이에요. 여러분들은 그 비싼 돈을 가지고 뭘 배워요? 여러분이 원하는 걸 배워요? 자본이 원하는 걸 배우잖아요. 자본이 원하는 걸 배워야 취업이 된다는 이유로요. 노예 훈련소죠. 최고급 노예들이 명문대에 있어요. 병신들이에요, 병신들. 물론 비싸게는 팔리죠. 그래서 아예 대학을 못가서 취업이 안 된 분들은 자유로운 거예요.

취업을 안 했으니 정리해고 대상도 아니고 정리해고의 고통이 없어요. 무용無用의 용用이라는 장자의 얘기 들어 보셨어요? 한 나무는 비비 꼬여 있고 한 나무는 똑바로 잘 서 있어요. 장자는 비비 꼬인 나무 편이에요. 잘 자란 나무는 잘려서 서까래나 배의 부속으로 들어가지만, 비비 꼬인 나무는 아무도 안 쓰니 천수를 누릴 것이라는 게 장자의 주장이죠. 지금 천수를 누리고 계시는 분 있죠? '정리해고는 나한테는 없다!' 진짜 행복하셔야 됩니다. 약간 씁쓸한 행복이지만요. 하지만 일을 하면 돼요. 일일부작 일일불식이라고 했잖아요. 취업 못 했다고 남편이 집에 가서 아무것도 안 하면 부인은 그 남편을 죽여야 됩니다. 그렇게 하면 다른 사람 것을 빼앗는 거니까요. 일을 해야 먹어야 하는 거고요. 일일부작 일일불식의 원칙은 확고한 원칙이에요.

엿 먹이는 노예가 되기

이제 여러분이 노예라는 자각에는 이르셨죠? 우리가 얼마나 불쌍한가요? 그런데 몇몇 분들은 일하는 게 너무 좋대요. 미친 노예죠.(웃음) 저 밭을 일구라고 하면 밭을 일구면서 스스로 좋게 생각을 해요. 놀라운 일이죠. 노예가 자기 일이 좋다고 하면 주인은 얼마나 좋겠어요? 최소한 투덜거리기라도 해야 하잖아요. '짜증나 죽겠어', '대충하자', 뭐 이런 투덜거림이죠. 최소한 자존심이 있는 노예라면 투덜거리기라도 한다고요. 늦게 출근하고 일찍 퇴근하기, 회사에서 일하는 척은 하지만 많은 일은 안 하기, 일을 다 끝내면 또 일이 온다는 놀라운 통찰력에 입각해서 절대 일을 제때 마무리하지 않기. 뭐 이 정도라도 하면 자존심은 있는 노예인 거예요. 비록 노예지만 엿 먹이면서 사는 삶, '내가 네 뜻대로 될 거 같냐?' 같은 패기죠. 반면 옆 사람은 아침에 일찍 와서 일을 깔끔하게 다 처리해요. 주인의 일을 나의 일로 생각하니까요. 그러면 다시 일이 와요. 그러면 그것도 기꺼이 하고 인정을 받아요. 그렇게 사는 사람도 있어요. 전자 정도는 해 줘야 비범한 노예인 거고 일말의 희망이 있어요. 자신이 노예라는 걸 알고 노예의 생활에서 잠깐 비비적거리면서 자유를 꿈꿀 수 있는 희망이 있는 노예와 회사에서 일할 때가 제일 좋다는 노예는 완전히 달라요. 후자는 구원의 희망마저 없어요.

여러분들이 직장 생활을 하더라도 머릿속에 넣어 두셔야 합니다. '난 노예다.' 주인 입장에서 생각하지 마세요. '월급을 받으니 이만큼은 일을 해야지', 절대 이런 이야기는 하시면 안 돼요. 버티면 월급은 나와요. 그렇지만 갑자기 해고되면 막막하니까, 일하는 척 잘 버텨야죠. 게으르지만 잘리지 않게! 마르크스의 사위가 하나 있어요. 라파르그Paul Lafargue라는 사람입니다. 기억해 두세요. 이 사람이 쓴 《게으를 수 있는 권리》라는 책이 있어요. 두께도 얇아요. 책의 서두에 있는 얇은 논문이 있는데, 읽어 보세요. 이 글이 바로 노예의 지침서예요. 월급은 받되, 잘릴 정도로는 게으르지 않기! 역시 마르크스의 사위다운 글입니다. (라파르그는 나중에 나이가 들어서 몸을 잘 움직일 수 없을 때 자살합니다. 백장 스님의 기개가 있는 거죠.) 그러니까 주인 입장에서는 묘한 거예요. 이 노예가 하자는 없는데 일은 진척이 안 되는 거죠. 누구 좋으라고 일을 해요?

때때로 이런 느낌도 들어요. 전시에 포로를 잡아서 포로들에게 땅을 깊게 파라고 해요. 그리고 땅이 다 파지면 포로들을 거기 들어가게 해서 총으로 쏘고 덮어요. 그게 정리해고예요. 일이 다 끝나면 여러분이 회사에서 나가는 논리예요. 그러니까 어떻게 하는 게 좋겠어요? 삽질하는 척 하기. 너무 노골

적이면 죽여요. 그러니까 삽질하는 척은 하는데 땅은 안 파지는 그 묘한 형국을 만드는 거죠. 거기서 살아 있어야지 탈출이라도 하죠. 회사에서 여러분의 에너지를 다 쓰지 마세요. 주인의 일에 에너지를 모두 쓰지 말아요. 회사에서 에너지를 쓰면 여러분이 원하는 일을 찾을 시간과 할 수 있는 시간이 허락되지 않아요. 그러니까 직장 다니시는 분들, 반드시 해야 될 일이 뭔지 아시겠죠? 회사에서 에너지를 충전하는 겁니다. 일이 끝나고 나서 그 모든 에너지를 가족과 함께, 사랑하는 사람과 함께 보내는 거예요. 보고 싶은 연극을 보세요. 연극 봐서 피곤하니까 그 다음날 오전에 출근해서 또 잘 쉬어요. 하지만 완전히 들키지는 않게. 할 수 있어요? 그러면 고용도 촉진돼요. 사람을 몇 명 뽑았는데 효율이 안 오르면, 또 사람을 뽑아요.

게으름의 미덕

부지런한 노예는 병신이에요. 여러분의 일을 하게 되면 여러분들은 부지런해져요. 내가 영화를 너무 좋아하는데 영화 보는 걸 어떻게 게으르게 하겠어요. 내가 원하는 일을 할 때 사람은 부지런해져요. 하지만 남이 원하는 일을 할 때는 게을러야 돼요. 게으르되 잘리지 않을 그 미묘한 경계가 있어요. 그게 삶의 예술이거든요. 모든 위대한 철학자가 하는 말이 뭐예요?

중용이죠. 지나쳐서도 안 돼요. 어떤 분들은 중용을 어겨서 생기는 고뇌를 갖고 있어요. 너무 극단적인 거죠. '회사를 그만둘까, 말까?' 왜 그만둬요? 회사를 다니되 일하는 것처럼 일하지 않으면 되잖아요. 낮에 혼자 집에 있으면 뭐하려고요? '친구도 없는데 회사에나 가 있자', 뭐 이런 생각으로 다니세요. 열심히 일하지 말고.

이게 페이비언 소사이어티Fabian Society죠. 파비우스 막시무스Fabius Maximus라는 한니발Hannibal을 이긴 로마의 장군이 있어요. 파비우스는 한니발이 워낙 강력하니까 지구전을 사용해요. 그런데 이걸 원로원에서 가만히 두겠어요? 장수로 보내 놨더니 진영은 차지하고 밥만 먹는 것 같잖아요. 로마 대군 5만 명이 매일 밥만 먹어요. 다섯 명도 아니고 5만 명이거든요. 이러니 쇼부를 빨리 쳐야 되잖아요. 그래서 원로원에서 파비우스를 자르고 다른 사람을 장수로 보냈는데, 이 사람은 한니발을 공격하다 박살이 나요. 그래서 파비우스 막시무스를 또 부르죠. 그랬더니 또 다시 밥만 먹어요. 그리고 나중에 이겨요. 그래서 페이비언이라는 말이 나와요.

페이비언 소사이어티는 혁명적이고 급진적인 방법으로 사회를 바꾸자는 것이 아니라, 전체 사회가 일하지 않는 사람은 먹지도 말자라는 사회로 갈 때까지 느리게 천천히 사회를 바꾸자는 것입니다. 급진적인 혁명을 이끌던 지도자가 나중에 일하지 않고 먹으려고만 할 수 있다는 것을 안 거죠. 이게 영국적 사회주의 전통이에요. 페이비언 소사이어티의 두목 중 한 명이 버트런드 러셀Bertrand Russell이에요. 이 사람의 책 중에 《게으름에 대한 찬양》이라는 책이 있죠. 이 책도 가만히 읽어 보면 라파르그와 똑같은 통찰이 있어요. 뭉그적거리자는 통찰. 열심히 일하지 말자. 게으름에 대한 예찬이죠. 버트런드 러셀이 영국 사람이니까 대충 보수적이라고 생각하실 수 있겠지만 그렇지 않습니다.

우리가 완전한 주인이 되기가 힘드니까 우리가 선택해야 될 것은 이겁니다. 노예로 살되 일단은 에너지를 세이브해 둘 것. 직장에서 세이브를 해 둬야 여러분들이 그 여유로 사랑하는 사람과 같이 시간을 보낼 수 있고, 여행을 갈 수도 있고, 진짜 나의 영혼을 뒤흔들 수 있을 만한 일이 무엇인가를 찾을 수 있는 에너지가 생기는 거예요. 아시겠죠? 직장에 가서는 '이 회사가 내 회사니? 너희들 거지', 뭐 이런 뻔뻔함이 필요해요. 그러면 월급만큼만 일할 수 있는 당당함이 생길 테니까요. 반대로 어떤 사람은 노동자임에도 불구하고 자신이 다니는 회사가 바로 자기 회사라고 일체화합니다. 자본가 입장에서는 너무나 다행스런 일이죠. 노예가 주인의 일을 자기 일이라고 생각한다면, 식량을 조금 준다고 해도 불평불만 없이 일을 할 테니까 말이에요. 군대에서도 마찬가지예요. 이게 '이 군대가 내 거니? 국가 거지' 이런 뻔뻔함이 명령한 일만 하고 자기 생활을 할 수 있는 당당함을 낮게 할 겁니다.

일일부작-日不作 일일불식-日不食이라는 말 기억나시죠? 여기서 '작作'이라는 게, 만들고 무언가를 한다는 거니까 어떤 일을 해도 상관없어요. 그리고 여러분들이 자본주의로부터 자유로워진다면 이건희가 원하지 않는 일들을 할 거예요. 그리고 하나만 더 바랍시다. 여러분이 이건희가 원하지 않는 일, 여러분이 즐거워하는 일을 했었을 때 그게 돈벌이가 되면 여러분들은 진짜 제대로 자리를 잡은 거예요. 돈보다 소중한 것이 자신이 하는 일이라는 것, 그게 중요합니다. 자신이 원하는 일을 해서 돈을 벌면 '땡큐'고, 아니면 좀 힘들게 사는 겁니다. '자기가 원하는 일을 하는 것이 우선이다. 그것이 바로 주인의 삶이다.' 이걸 명심해야죠.

근면·자주·협동이라는 말 많이들 하죠? 박정희가 만든 거죠? 개소리죠. 노예한테 가장 원하는 덕목이 근면이잖아요. 하기 싫어도 근면, 하고 싶어도 근면. 주인의 덕목은 게으른 거예요. 대학로나 홍대 같은 데 가서 게으르게 어슬렁거리는 사람들 보면 진정한 주인이라는 느낌이 물씬 나요. 그래서 너무 당당하죠. 여러분들도 이런 덕목을 하나씩 하나씩 키워 나가야 돼요. 그리고 우리가 게을러 터졌을 때 우리를 이렇게 만든 자본이나 권력들은 알 겁니다. '너무 심하게 힘들게 한 것 같다. 사람들이 퍼진다.' 퍼지세요. 괜찮아요. 여러분이 퍼질수록 국가 사회에 이바지하는 거예요, 진짜로. 고용 창출을 부르는 거예요.

직원이 만 명 있어도 일의 효과가 없다면 100명을 더 뽑겠지요. 만 명에서 100명이 더 붙어도 일이 그다지 진척되지 않을 때 200명이 더 고용됩니다. 게을러지세요. 게으름의 덕목. 정말 고용이 창출됩니다. 그리고 에너지를 세이브해요. 회사에서 많이 움직이지 말아요. 에너지가 낭비되니까. 밥 먹을 때 빼고 움직이지 말아요. 또 미팅하거나 상사들이랑 회의할 때 있죠? 그거는 상사들이 해야 될 거 결정해 온 거예요. 회의는 민주주의를 흉내 내는 거죠. 그런데 회의할 때 반론 같은 거 제기하는 아마추어들이 있어요.(웃음) 거기서 왜 에너지를 낭비합니까? 가만히 있어요. 그리고 그걸 기뻐하세요. 회의 들어가면 내 일 안 해도 되잖아요? 조금만 더 있으면 점심시간인데 회의가 너무 빨리 끝날 거 같으면 그때 돼서 조심스럽게 안건 하나 내는 거죠. 시간 얼마 안 걸리는 안건 같은 거 던져 주고요. 이렇게 사세요. 목숨 걸지 말고요. 아셨죠?

직장이 스끼다시라는 마음가짐

직장이나 일이라는 건 옷가지와 같아서 벗어던지고 또 입는 거예요. 저는 제자들이 취업을 하면 "이제 취업을 했으니 희망의 복음을 전하겠다"라고 해요. 그러면 제자들이 집중해서 들으려고 하죠. 그럼 저는 항상 이 회사 아니면 못 먹고살겠다는 느낌이 들 때 회사를 때려치우라고 해요. 그리고 취업하신 분들께 이 이야기를 참고로 드리고 싶어요. 올해 안에 사표를 한 번 내세요. 큰일 말고 아주 사소한 일로요. 크게 비리를 저질렀다든지, 위에서 나가라고 한다든지 이런 큰일 말고 아주 사소한 일로요. 여러분 기준대로 이유는 만들면 돼요. 오늘 과장이 내 발을 밟았다. 그럼 사표 내세요. 나 만만한 사람 아니라는 식으로요. 사표를 한 번만 내면 별게 아니라는 걸 알아요.

다행스러운 게 아직 굉장히 강력한 억압사회가 아니기 때문에 여러분들이 사표를 내면 그때는 자유로울 수 있어요. 어쩔 수 없이 그만두는 거 말고, 때려치우면 말예요. 이때 그냥 때려치우기가 좀 그러니까, 뭔가 사소한 걸 하나 잡아야 돼요. 누가 내 발을 밟았다든지, 출근하는데 엘리베이터에 들어갔더니 '삐' 하고 울릴 때 그냥 그만둬요. 이렇게 가볍게 그만둘 수 있어야 됩니다. 이 경험이 한 번은 쌓여야 돼요. 회사 입장에서 황당한 이유로요. 그런 일로 어떻게 그만두느냐고 하면 '저한테는 소중해요!'라면서요. '내 발을 아무도 밟아선 안 돼!' 아주 작은 것이지만 여러분에게 소중한 것들을 하나씩 하나씩 어떻게 찾을지 이 고민을 많이 해 봐야 합니다. 취업을 준비하시는 분들은 반드시 입사를 하되 입사하자마자 여기는 그냥 한 번 간 보러 다니는 거고, 직장이 스끼다시라는 마음가짐을 가져야 해요. 그래서 조금만 있다가 싹 그만두는 거예요. 이런 경험을 한 번만 하면 취업이나 실직에 대한 공포는 현저히 사라집니다.

돈은 필요하지만 일은 하고 싶지 않은 노예예비군

몇 달 전 무라카미 하루키 수필의 한 문장을 봤습니다. "돈은 필요했지만, 일을 하고 싶지 않았다." 바로 그것이었습니다. 하지만 부모님의 노동 위에서 편히 지내며 이런 배부른 소리를 하고 있다는 생각에 부끄러운 생각도 듭니다. 이제는 제가 스스로를 책임져야 할 나이이고 나중에는 부모님에게도 보탬이 되어야 할 때가 올 것이라고 생각합니다. 그런데 저는 일을 하고 싶지가 않아요. 어디서부터 시작해야할지 모르겠네요.

참 예리하신 분입니다. "돈은 필요했지만, 일을 하고 싶진 않았다." 여러분도 확 와 닿죠? 고민의 내용을 보니 부모님을 생각하시는 것 같아요. 그런데 절대 부모님 생각은 하지 마세요. 그분들은 알아서 잘 사세요. 이럴 때 부모까지 생각하면 일이 복잡해져요. 지금부터 아이 키우시는 분들은 아이에게 일일부작 일일불식을 가르치셔야 돼요. 애가 뒹굴고만 있으면 밥 먹이지 말아야 해요. 절대 밥 먹이면 안 돼요. 그러면 내 자식이 나중에 누구 착취하는 놈이 되고, 어떻게 하면 날로 먹을

까를 생각한다고요. 날로 먹는 놈이 힘이 생기면 다른 사람은 두 배, 세 배로 일해야 됩니다. 나중에 혁명이 일어나면 여러분 자식은 욕을 먹거나 죽는 거예요. 항상 일하게 해야 돼요. 일일부작 일일불식. '나는 네가 공부를 안 해도 된다. 나는 많은 거 바라지 않는다. 개중에 네가 제일 하고 싶은 걸 하면 조금 있다 수제비를 끓여 주겠다'는 식으로 키워야 돼요.

여러분들 각자의 삶의 시간은 노동하는 시간과 향유하는 시간, 이 둘로 할당이 될 거예요. 노동하는 시간은 대부분 그 자체로 목적은 아닙니다. (물론 그 자체가 목적인 사람들이 있어요. 저 같은 사람이요. 쓰고 싶은 글을 쓰는 거죠. 저는 글을 안 써도 됩니다. 누가 시키는 건 아니에요. 제가 쓰고 싶을 때 쓰는 거예요.) 대개 노동하는 시간과 향유하는 시간이 따로 있어요. 이건 원시인들도 지키고 있었던 겁니다. 원시인들이 나가서 사냥을 합니다. 사냥을 해 와서 마을에서 잔치를 열든가 가족들한테 주려는 거예요. 이렇게 두 가지 시간이 있는 거죠. 인간의 행복은 아주 쉬워요. 노동하는 시간을 극단으로 줄이고 향유하는 시간을 넓히는 데 행복이 있어요. 그러니까 직장에서 노동하는 시간을 아껴야 합니다.

한 사회가 쓰레기 같으면 향유하는 시간을 줄입니다. 야간에 일을 많이 해서 돈을 많이 벌어도, 에너지를 다 소비해서 지치면 집에 와서 퍼져 자요. 가족들 얼굴도 못 봐요. 이런 인간은 삶을 못 사는 겁니다. 왜 예전에 노동시간을 보장하자는 이야기를 했는지 아세요? 마르크스의 《자본론》을 보면 마르크스는 노동을 돈으로 계산하지 않습니다. 노동을 시간으로 계산해요. 시간은 절대적이거든요. 하루 8시간 노동은 보장이 되어야 나머지 시간이 남잖아요. 그러니까 우리가 더 해야 할 건 뭐예요? 직장에서 정해진 노동 시간이 8시간이면, 8시간이되 8시간을 다 노동하면 안 되는 거예요. 대충해서 실질적으론 2시간만 하면 돼요. 노동 강도가 세면 지쳐요. 우리 사회는 사실 결혼을 할 필요가 없는 사회예요. 노동 강도가 너무 세기 때문에요. 부인이랑 남편 있으면 뭐해요. 자식은 낳으면 뭐해요? 아이는 놀이방에 보내요. 아이를 놀이방으로 보내니까 놀이방 선생님이 가정에서 나와서 아이들을 돌봐야 돼요. 그럼 놀이방 선생님 아이는 누가 돌보냐고요.

    여러분께 지혜를 하나 알려 드릴게요. 보통 사람들은 최저임금을 이야기하거나 가급적 많은 임금을 생각합니다. 이제 '최적임금'을 생각할 때입니다. 최저임금이 아니라 최적임금입니다. 나의 최적임금은 얼마인지, 이 정도 벌면 됐다는 걸 정할 수 있어야 해요. 그걸 아는 사람은 내가 돈을 버는 목적이 향유하는 시간이라는 것을 아는 사람이에요. 젊었을 때 뼈 빠지게 고생해서 돈 모으면 뭐해요? 나이 들면 다리 아파서 여행도 못 가요. 한 사회가 얼마나 나쁜지의 척도는 노동시간의 길이입니다. 노동 시간이 늘어나는 사회는 나쁜 사회예요. 노동을 더 할 수밖에 없게 만드는 사회, 개인이 향유하는 시간을 줄이는 사회는 나쁜 사회예요.

향유하는 시간이 없는 분들은 노동하는 이유를 못 찾아요. 애인이라도 있어야 돼요. '애인한테 짜장면을 사 줘야지', 뭐 이런 각오라도 있어야죠. 애인이 입에 짜장 묻혀 가며 먹는 게 너무 귀엽잖아요. '그럼 내일은 더 열심히 일해서 짬뽕을 사 줘야지!', 뭐 이런 식으로 말예요. 그게 아니라도 좋아요. 나 아닌 사랑하는 무언가가 있으면 됩니다. 여행, 공연, 친구랑 시간 보내기, 이런 게 있어야 해요. 평생 사냥만 하다가 그냥 죽을래요? 그냥 아예 쿨하게 죽으면 돼요. 우리는 노동을 하려고 사는 건 아니에요. 물론 노동은 해야 합니다. 향유하기 위해서요. 어떨 때 내가 가장 행복한지를 점검해 보세요. 이렇게 이야기 하셨죠? "나중에는 부모님에게도 보탬이 되어야 할 때가 올 거라고 생각해요. ……제가 저를 책임져야 할 나이이고…….." 모두 먹고사는 고민만 있어요. 생존만 있고, 향유는 없어요. 거기에는 의무만 있어요. 부모님을 돌봐야 하는 의무.

여기에 무슨 살 이유가 있어요? 즐거운 것이 있어야 된다고요. 노동은 힘들어요. 유사 이래로 인간이면 다 그래요. 그런데 우리가 정말 슬픈 게 뭔지 아세요? 여러분들은 예술 활동하는 게 있어요? 집에 벽화 그리시는 분? 원시인은 알타미라 동굴벽화를 그렸어요. 자본주의가 들어오기 전에 시골에선 마을 사람들이 잔치를 했어요. 여러분이 진보한 사회에서 산다고요? 개처럼 일만 하면서. 향유를 못 하잖아요. 살 이유가 뭐가 있냐고요. 알타미라 동굴벽화도 그렸던 원시인보다 못해서 어떡해요. 내가 왜 일을 해야 되는지 의구심을 갖는 분은 향유하고 싶은 게 없는 겁니다. 사람일 수도 있고, 장소일 수도 있고, 예술일 수도 있어요. 사랑하는 게 있으면 됩니다. 나 아닌 무언가를 향유하고 즐길 게 있으면 돼요. 나에게 이것이 있는지 점검해 보셔야 됩니다. 그런데 내가 향유할 것을 찾는 게 문제죠? 이것도 노동하는 시간을 줄여야 가능합니다.

그런데 역설적인 건, 노동을 아예 하지 않으면 이걸 꿈꾸지 못해요. 우리의 딜레마는 직장에 다니면 돈을 모으는데, 직장을 다니면 돈 쓸 시간이 없다는 겁니다. 혼자 집에서 쉬게 되면 돈은 없는데 돈 쓸 게 많아요. 그런데 직장에 다니면 돈은 생기는데 일하느라 돈을 쓸 시간이 없는 거죠. 그러니까 이게 헷갈리죠? 그러니까 다음 공식을 머릿속에 넣어 놓으세요. '삶의 행복은 노동하는 시간보다 향유하는 시간이 많을수록 커진다'라는 공식 말이에요. 여러분이 일하는 시간을 줄여야 행복해져요. 물론 이 시간을 절대적으로 제로로는 만들 수 없어요. 일을 안 하고 먹고살 수 있다는 것은 인간으로서는 있을 수 없는 일이니까요. '일일부작 일일불식'이라고 했잖아요. 사

우리의 딜레마는 직장에 다니면 돈을 모으는데,
직장을 다니면 돈 쓸 시간이 없다는 겁니다.

실 일을 안 한다는 건 누구 걸 빼앗아 먹고산다는 것을 의미하는 겁니다.

가장 이상적인 건, 직장에서 필요한 만큼 적당히 할 수 있는 일도 있고, 집에 가서는 무엇인가 향유할 것이 있는 겁니다. 저는 글을 쓸 때 행복해요. 하지만 이런 사람은 많지 않죠. 저는 화학공학과 출신이에요. 전공으로 취업도 됐어요. 하지만 제가 철학을 공부하겠다고 마음먹으면서 가장 먼저 돈을 포기했어요. '대충 어떻게 먹고살겠지'라고 생각했어요. 제가 지금까지 스무 권 가까이 책을 썼는데, 가장 처음에 썼던 대여섯 권은 전문가 몇 명을 빼고는 아무도 몰라요. 그런데 어느 순간에 어떤 책을 여러분이 좋아해 주면서 점점 많은 사람들이 제가 쓴 책을 알게 됐죠. 그런데 저는 단 한 번도 책을 많이 팔아먹으려고 글을 썼던 적은 없어요. 저는 글 쓸 때 정말 좋아요. 처음에 주변에서 얼마나 구박을 받았는지 몰라요. 돌아가신 아버지도 정말 싫어하셨어요. 장남이라는 새끼가 지금 뭐하는 거냐고 하시면서요. 그때 제가 그냥 죄송하다고 했어요. 사실 철학과 대학원 합격해 놓고서 뻥쳤죠. 대학원 떨어지면 다시 취업하겠다고요. 저는 이렇게 출발했어요. 가장 행복한 삶은 스스로 하는 일, 지금 땀을 흘리고 하는 일이 경제적으로 보탬이 되면서도 즐거운 일이면 됩니다.

물론 일 자체가 행복한 사람들도 있어요. 예술가나 작가처럼 자기가 하고 싶은 일을 프리랜서로 하면서도 충분히 먹고 살 수 있는 사람들이지요. 이건 극소수의 사람만이 누리는 축복이에요. 그러니 현실적으로 일 자체가 행복인 경우는 거의 불가능하다고 봐야 할 겁니다. 그러니까 일 좋아하는 사람을 흉내 내진 말자고요. 그건 진짜 비범한 일이에요. 더군다나 취업을 한다는 건 내가 원하는 일이 아니잖아요. 그들이 원하는 일이잖아요. 그러니 힘들 수밖에요. 그럼에도 불구하고 이 시간을 조절하게 되면 여러분이 일하는 것이 의미가 있어요. 열심히 할 수도 있어요. 하지만 이제 일을 하는 목적을 아니까 에너지를 낭비해서 사랑하는 사람과 보낼 시간, 내가 좋아하는 연극 볼 시간을 없애진 않을 거예요. 그리고 돈을 많이 줘도 너무 일이 많으면 직장을 옮기세요. 이게 누구를 위한 일인지 금방 자각에 이를 수 있을 겁니다. 머릿속에 이 공식만 넣어 두면 여러분의 시간을 적절히 할당하는 방법을 고민하게 될 거예요.

일에 대한 열정이 식어 걱정인 노예

〔 서른두 살의 직장인입니다. 20대에는 배우고 싶은 것, 〕

하고 싶은 것도 많았고 일도 의욕적으로 하는 편이었는데 어쩐지 30대가 된 이후에는 모든 게 시들해지고 귀찮기만 합니다. 직장에서도 빨리 퇴근해서 집에서 쉬고 싶다는 생각만 들고 일을 할 때 집중도도 많이 떨어지는 것 같아요. 나이가 들면 보통 일에 대한 열정이 식는 것인가요? 꿈을 잊고 사는 게 당연해지는 것 같고 꿈을 갖는 것조차 욕심인 것처럼 느껴집니다.

나이가 들면 내 삶이 누구를 위한 삶인가라는 자각에 이르죠. 멍청하지 않으면. 일을 그만두세요. (일 그만뒀어요.) 잘하셨어요. 드디어 남자친구를 시험에 들게 할 시간이 온 겁니다. 이 새끼가 치사하게 내 돈을 보고 나를 사랑한 것인지 아닌지 확인을 할 수 있게 된 거예요. 이렇게 부부나 커플이 맞벌이면 빨리 먼저 그만두는 게 좋아요.(웃음) 일하는 상대방을 요단강 건너 이끌 수 있는 준비를 해야 해요. 앞서 이야기했던 것처럼 제대로 살기 위해서요. 둘 다 일하는 커플들 보면, 둘이 충분히 사랑을 못 나눠요.

이걸 다 긍정적으로 생각하셔야 돼요. 사표 잘 내고 오셨어요. 사표는 왜 내셨어요? (회사에서 일이 너무 없어서요. 세 달 동안 놀았거든요. 죄책감 때문에요.) 잠깐만, 회사에서 일이 없는데 왜 그만둬요? 월급은 나오는데? 잘못하셨어요. 근면 콤플렉스를 가지시면 안 돼요. 근면의 콤플렉스는 노예의 덕목이란 말이에요. 다음 주에 직장 가셔서 잘못했다고 그러세요. 다시 그 회사 다녀요. 일거리가 없다고 주인한테 나를 쏴 죽여 달라고 이야기하는 충실한 노예인 거예요. 그렇게 하시면 안 됩니다. 이게 노예의 죄책감이에요.

어쨌든 잘 그만두셨어요. 남자친구가 일을 하니까. 상관없어요. 그리고 남자친구 사랑하죠? 〔네.〕 나중에 일해요. 일할 수 있어요. 이건 전혀 문제가 아니에요.

중요한 건 이거예요. 나 말고 사랑하는 사람이 있느냐 없느냐가 관건이라고요. 제일 허무한 게 이런 거예요. 일을 너무나 열심히 하는 노예라서 자기자식이나 자기 가족도 못 돌보면 정말 완벽한 노예죠. "이 일 안 해!"라고 말할 수 있는 유일한 동력은 사랑이에요. 우리가 자본에 저항할 수 있는 건 사랑 아닌가요? 사랑할 시간, 향유할 시간을 왜 빼앗겨요. '너희들이 뭔데 뺏어!'라고 저항해야죠. 내가 좋아하는 것, 내가 좋아하는 일, 내가 좋아하는 취미, 내가 좋아하는 사람이랑 같이 있어야 되니까 저항할 수 있는 겁니다. 이게 없으면 동력은 없는 거예요. 그러니까 그걸 어떻게 찾을지 우리가 고민을 해 봐야 합니다. 박수 한번 쳐 주세요.(박수)

직급이 불편한 짬밥 많은 노예

16년차 직장인이고 워킹맘입니다. 법률 사무소에서 팀장으로 일하고 있어요. 일의 특성상 기일을 넘기면 안 되기 때문에 절대 실수를 범하면 안 되고, 제가 일 처리를 검수하고 관리하는 입장이다 보니 실수하는 팀원은 용납하기가 힘듭니다. 업무를 제대로 하지 못하는 팀원들은 저와의 갈등으로 여럿이 퇴사를 했고요. 고생 끝에 남아 있는 팀원들은 모두 일을 잘하고 있지만 이제 팀원들이 절 왕따를 시킵니다. 전 잔소리를 하지 않습니다. 혹 팀원들의 잡담에 끼어들라치면 분위기가 싸늘해지거든요. 그래서 팟캐스트 방송을 들으면서 소외당한 채 일을 하고 있습니다. 팀장직을 수행하는 것이 두렵고 힘들고 외롭습니다.

이분의 고민은 갓 취업한 분들의 고민은 아니네요. 그러니까 짬밥이 많은 노예인 거죠. 이분 고민이 공감이 되는 분들도 있고 전혀 안 되는 분들도 있을 겁니다. 그런데 왜 법률 사무소 일을 자기 일 하듯이 하세요? 기일만 맞추세요. 본인 일하듯이 하니까 일을 못하는 사람들이 눈에 걸리는 거예요. 그리고 눈에 걸리는 걸 다 표를 내니까 팀원들이 싫어하는 거죠.

팀원들이나 나나 향유하는 시간 때문에 노동하는 건 똑같다고 생각을 하셔야 해요. 그런데 본인은 일을 열심히 하잖아요. 에너지를 일에 다 쓰는 거죠. 그런데 팀원들은 에너지를 다 안 쓰니까 그게 못마땅하신 겁니다. 그들을 본인처럼 만들지 마시고, 본인이 그들처럼 되세요. 그런 팀장이 되세요. 직장 상사가 일을 열심히 하면, 후배들이 퇴근을 못 해요. 잔소리 안 하고 일 열심히 하는 상사가 제일 무서워요. 세상에서 제일 무서운 사람이 솔선수범하는 사람이거든요. 그게 압력이에요. 팀원들 편하게 해 주려면 팀원들 있을 때 농땡이 부리는 척하다가 팀원들 나간 다음에 본인 일을 하세요. 상사가 바쁘게 일하고 있는데 어떻게 데이트를 나가겠어요? 잔소리를 안 하신다고 했는데, 잔소리보다 더 강력한 압력을 행사하시는 거예요.

〔그런데 제가 팀원들 빨리 퇴근시키려고 하고, 팀원들 일도 제가 좀 많이 하는 편이에요. 지금도 팀원 한 명이 출산 휴가로 들어갔는데, 사람을 안 뽑아서 그 사람 업무까지 제가 하고요.〕 그걸 하지 마세요. 절대 하면 안 됩니다. 사람을 뽑으면 돼요. 누군가 빠졌을 때 그 사람 대신 그 일을 너무 열심히 하면 상대방한테 부채감을 안겨 주는 것이기도 해요. 그럼 그 대가를 요구하는 걸로 느껴져요. 좋은 마음으로 하신 일이지

만 팀원들은 그렇게 읽을 거란 말이에요. 팀원들이 보기엔 너무 완전한 팀장인 거죠. 완전한 신처럼. 그러니 거리가 멀 수밖에요.

워킹맘이라고 하셨는데 아이랑 남편이랑 관계는 좋아요? 〔나쁘진 않아요.〕 좋지도 않네요.(웃음) 에너지를 세이브하세요. 일을 하다 보니까 에너지가 방전되고, 그러면 가족이랑 지내는 시간이 점점 힘들어지고, 회사에 있는 게 더 편해져요. 그래서 일을 하시는 거예요. 일을 줄이셔야 해요. 일을 줄이고 에너지를 세이브해서 집에 가서서 남편이랑 아이와의 관계를 복원하세요. 무슨 말인지 아시죠? 본인이 계속 일에 탐닉하면 팀원들도 향유하는 시간 다 버리고 본인처럼 노동만 하는 존재가 되는 거예요. 아니, 그렇게 해야 한다고 부지불식간에 압박을 받는 거지요. 그래서 욕먹는 거예요. 향유하는 시간을 찾기 위해 노력하는 팀장이 된다면 분명 존경받는 팀장이 될 겁니다.

일터에서 인간관계를 갈구하는 노예

8년째 같은 직장에서 일을 하고 있습니다. 2년 전 저보

> 다 네 살 어린 후배가 입사했고 처음에는 친해야 한다는 마음에 사적인 이야기도 많이 하며 가깝게 지냈습니다. 하지만 감정싸움이 크게 한 번 있었고 표면적으로 화해는 했지만 그 뒤로는 말을 하지 않으며 지내고 있습니다. 업무와 관련된 대화 말고는 전혀 대화를 하지 않고 있어요. 앞으로 후배와 대화 없이 지내는 게 옳은 것일까요? 아니면 과하지 않은 친분을 유지하기 위해 노력하는 게 옳은 것일까요?

친하게 지내려고 오버해서 생긴 문제예요. 뭔가 바람이나 기대가 있었던 거죠. '우리는 직장에서 만났지만 이해관계를 가진 게 아니라 인간적인 관계일 거야.' 이건 상당히 오버하고 있는 겁니다. 그 후배는 돈 좀 벌어서 애인이랑 지내고 싶은 사람이에요. 선배가 자꾸 친하게 구는 거 싫어해요. 직장에서 공과 사를 구별해야 해요. 직장 후배한테 친한 척하면서 사적인 관계를 터놓으려고 하면 그게 후배에게는 폭력으로 다가와요. 굉장히 부담스럽거든요. 시시콜콜 다 알려고 하면서, 네 남자친구는 버릇이 안 좋은 것 같다는 둥 오만 이야기를 다 해요. 이러면 문제가 시작되는 거예요. 아마 그 후배에게 너도 나를 인간적으로 대해 달라는 무의식적인 압력을 넣었을 거예요. 그 다음은 보나 마나죠. 그 후배는 다른 사람이니까 내게 한 번은 상처를 줬겠죠. 그리고 관계를 닫았고, 지금까지 온 거죠. 그 상태로 그냥 계셔요. 후배와 대화 없이 지내는 게 옳은지, 과하지 않은 친분을 유지하기 위해 노력해야 옳은지 물으셨죠? 다 틀렸어요.

직장에 왜 다니죠? 그 친구랑 사귀려고? 본연의 의무에 충실하도록 합시다. 사무적인 이야기만 하세요. 혹여 직장 동료들이 너무 좋고 즐겁다면 그건 요단강 건너간 겁니다. 그리고 사람이 감정 상하는 것은 대나무 쪼개지는 것 같아요. 파죽지세라는 말 있죠? 대나무를 위에서부터 탁 쪼개면 쫙 갈라져요. 다시 합쳐지기 힘들어요. 너무 노력하지 말아요. 처음에 친하게 지내야겠다는 의도가 좋지 않았던 것 같아요. 자연스러워야 했어요. 친하게 지내자고 했지만, 본인은 '나를 언니처럼 대해'라고 바란 거예요. 그래서 삐친 겁니다. 본인이 동기예요. 이런 것 요구하지 않았나요? 본인이 먼저 사적 고뇌 같은 것들 이야기하지 않았어요? '그런데 왜 너는 나한테 이야기 안 해?' 이런 식 말예요. 스토커랑 크게 차이가 없어요. 후배가 본인을 더 두려워 할 거예요. 그런데 이럴 때는 시간이 약이기도 하거든요. 가만히 시간을 보내세요. 아물 때까지.

회사 생활 힘드셨어요? 집에서 행복해요? 애인과는 사이가 좋아요? 본인이 회사에서 행복을 찾고 싶어 했던 것 같아요.

그러니까 후배들이랑 애정을 나누고 싶었던 것이고요. 향유해야 하는 시간에 향유가 안 되는 게 이 모든 문제의 본질이에요. 함께 향유할 사람들이 마땅치 않으면 일하는 곳에서 찾을 수밖에 없고, 그러다 상처를 받으신 거예요. 그런데 일하는 곳에서 찾지 말아요. 그곳은 향유하는 곳이 아니고 노동하는 곳이잖아요. 향유하는 시간이 충만하면 노동하는 시간에 만나는 사람에게 향유하는 시간을 요구하지 않아요. 어쩌면 후배는 이렇게 느꼈을지도 몰라요. '이 선배는 왜 이러지? 동성애자인가? 왜 나한테 사랑을 얻으려고 하는 거지? 좀 지나친 거 아니야?' 그러니까 오히려 향유하는 시간이 충분히 있는 사람들이 노동하는 시간이나 일하는 시간에 타인들을 만나면 문제가 없어요.

직장 상사의 가정이 화목하지 않으면, 그 후배들의 직장생활은 굉장히 피곤해져요. 집에도 안 들어가려고 하고 자꾸 회식하고 그러잖아요. 이럴 때는 해법이 그 상사한테 있는 게 아니라 그 상사의 파트너한테 있는 거예요. 좋게 지내는 게 좋은 거 아니냐고 생각하시겠지만, 본인이 향유하는 시간이 충분하고 충만하면 후배한테 인정받을 필요가 없어요. 후배한테 인정받아서 뭐해요? 내 남자친구가 날 사랑해 주는데요? 자꾸 노동하는 시간, 일하는 시간에 애정을 찾고 향유를 하려고 하니까 문제가 되는 겁니다. 후배 입장에서는 헷갈리는 거죠. 직장은 일하는 곳이고, 직장에서의 시간은 향유하는 시간도 아닌걸요. 후배 잘못이 아니에요. 그러니까 고민을 해결하려면 회사에서 밖으로 나왔을 때의 시간이 행복한가를 본인이 점검을 해 보셔야 합니다. 향유를 한다는 건, 퇴근하고 기꺼이 만나고 싶은 사람이나 가고 싶은 장소가 있다는 겁니다. 후배와의 관계가 문제의 핵심이 아니라는 겁니다.

밥값 못하는 잉여 노릇이 고역인 노예

회사를 관두고 좀 놀면서 다음 회사를 찾아볼까 고민하는 싱글녀입니다. 회사 경력 14년차입니다. 싱글녀라고 밝힌 것은 '스스로 벌어먹어야 함'을 강조하기 위해서예요. 현재 회사에 일이 별로 없어서 그만두려고 합니다. 밥값 못하는 잉여 노릇은 고역이에요. 잉여 노릇한 지 1년 가까이 되어 갑니다. 다들 잉여 노릇은 고역인 것 아닌가요?

이런 회사라면 가만히 있으면 됩니다. 제가 단언컨대 회사에서 본인을 자를 거예요. 그런데 잘리는 게 무서운 거죠. 아주 상태 안 좋은 사람이 겪는 유명한 패턴이 하나 있어요. 비가 올까 봐 무서워서 센 강에 뛰어내려요. 미리 강물에 젖으면 비에 젖을 걱정이 없을 테니까 말입니다. 회사가 어려워 나중에 해고될 테니까 미리 그만두려는 거예요. 해고당하기보다 스스로를 해고하는 거죠. 멋지고 비장해 보이지만, 이런 식의 비장함을 선택하는 건 약한 사람들만 하는 거예요. 부모님한테 혼나기 전에 미리 자신을 혼내는 사람이 있습니다. 이건 우리가 부모님한테 혼나는 게 너무나 무섭기 때문에 일어나는 기묘한 현상입니다. 그 무서움을 감내하는 방법 중 하나가 자학을 하는 거예요. 부모님에게 혼날 때 '나는 죽일 새끼야. 나는 맞아 죽거나 칼에 찔려 죽어야 돼', 이러면서 벽에 머리 막 부딪치고 피 흘리고 자기한테 고문을 하는 거예요. 그러면 부모님을 만나도 담담해요. 어디서나 가중처벌은 없거든요. 이런 방식으로 스스로를 처벌하는 사람이 있어요.

무슨 이야기인지 아시겠죠? 지금 그만두시는 건 사실은 실직이 무서워서 미리 그만두는 거예요. 회사가 곧 문 닫을 것 같죠? 그때까지 그냥 편하게 계속 월급을 받으세요. 미리 그만두는 건 아니에요. 잉여를 즐기세요. 일도 하지 않고 월급이 나온다는 것은 자본주의 사회에서 아무나 누릴 수 없는 축복 아닌가요? 뻔뻔스러워지세요. 그리고 직장 상사에게 말하는 겁니다. "내가 지금 놀고 있지만, 일만 주어져 봐요. 정말 치열하게 일할 겁니다." 그렇게 말하고 인터넷 서핑을 하든가 손톱 손질이나 하세요. 저녁 때 남자를 만날 수도 있으니까요. 일이 없다고 그만두어서는 안 됩니다. 일이 없어서 노동자를 해고 하는 것은 사장의 일이니까요. 스스로 그만두다니요! 아니면 사장에게 요구하세요. "심심하니까, 일거리 좀 가져오세요. 사장이 그것도 못해요?" 명심하세요. 일이 없는데 돈이 나온다는 행운은 그리 자주 오는 것은 아닙니다. 즐기세요.

자발적 업무 처리로 지쳐 버린 노예

사회 초년생인 스물일곱 살의 남성입니다. 직장 생활을 하다 보면 내 일도 네 일도 아닌 일들이 있더군요. 보통은 '눈치를 보다 다른 사람이 하겠지'라며 넘기는 경우가 많은데, 저는 제가 처리할 수 있는 부분까지는 최선을 다해서 처리를 하려고 합니다. 그런데 이제는 과부하에 걸린 것 같아요. 안 그래도 바쁜 시기인데 그런 일까지 떠안다 보니 정말 돌아 버릴 지경입니다. 주말까지 나와 잔업을 하니 정신적, 체력적으로 한계에 부딪치게 되었습니다. 강신주 박사님, A/S 신청합니다.

이럴 때 내가 그 일을 하게 되면 나만 하게 돼요. 이건 처음에 잘해야 됩니다. 처음에 버텨야 돼요. 공동생활을 하면서 집이 더럽다고 먼저 치우면 안 돼요. 그런데 저분은 치우신 거예요. 치우기 시작하니 계속 저분이 치우게 된 거예요. A/S 신청하신다고 했는데 A/S가 어디 있어요? 다 자기 복이죠. 그냥 저분이 착한 거예요. 착한 사람은 원래 힘들어요. 이건 해결이 안 돼요. 다른 사람들은 그렇게 생각한다고요. 본인이 그 일을 안 해도 누군가 또 그 일을 하게 돼요. 그런데 이렇게 자기가 굳이 할 필요가 없는 일을 하는 그 시간은 사실 노동하는 시간이 아니라 향유하는 시간에 속하는 거예요. 무슨 말인지 아시겠죠? 그러니까 향유하는 시간을 보낼 줄 모르니까, 그 시간에 뭘해야 할 줄 모르니까, 자신이 굳이 안 해도 되는 일을 하는 거죠.

정상적인 인간은 향유하는 시간을 누리려고 하기 때문에 웬만하면 내 일도 네 일도 아닌, 어정쩡한 일은 안 해요. 내 일도 줄이려는 판에 그걸 왜 해요? 본인이 바보인 거예요. 본인도 향유하는 시간을 확보하기 위해서는 그 일을 하면 안 되죠. 누가 더 향유하는 시간을 누릴 것인지 싸우는 거예요. 다 안 하면 어떻게 되냐고요? 충원을 합니다. 제가 누누이 말씀드리지만, 이 태도가 중요해요. 제가 출판사 편집자들을 많이 만나는데 편집자들이 너무 힘들어요. 한 달에 받는 월급은 너무 적고 출판사 사장들은 직원을 안 뽑아요. 그럼 이 편집자들이 퇴근하고 원고를 들고 집에 가져가요. 편집자들이 이걸 안 해야 직원을 뽑는다고요. 여러분들이 어떻게 하느냐에 따라서 고용이 창출된다는 것을 항상 기억하고 계세요. 그리고 좀 더 물어볼게요. 본인은 비정상 아닌가요? 왜 그 일을 하셨어요? 조직을 위해서 하셨죠? 그러니까 주인이 좋아하죠. 어디서부터 잘못됐는지 아시겠죠?

노동하는 시간과 향유하는 시간을 일치시키고 싶은 노예

> 4년차 편집 디자이너라는 직함으로 살아가고 있는 서른 살의 여성입니다. 마지막 회사에서는 2년간 근무하고 퇴사했습니다. 보다 발전가능성이 기대되는 곳을 찾기 위해 퇴사했지만, 구직이 쉽지 않습니다. 제가 생각하는 이상적인 조건은 작업의 매력도, 근로기준법에 맞는 복지 조건, 연봉 이 세 가지입니다. 어느 한 가지를 포기하고 어쩔 수 없이 생기는 불만을 견디면서 근무할 자신이 없습니다.

> 백수 생활이 반년 이상 지속되면서 가장 힘든 점은 돈입니다. 아르바이트를 하며 근근이 살다 보니 사람 만나는 것도 기피하게 되고, 놀아도 노는 것이 아니고, 가족들에게 신경질이 부쩍 느는 등 마음의 여유가 점점 사라지고 있습니다. 원하는 회사에는 진즉 연락을 해 보았지만 채용 계획이 없다는 응답이 다수였습니다. 이제 남은 것은 철저한 기다림뿐인데 자신도 없어지고 두렵기도 합니다. 이 불안한 시기를 어떻게 지내야 할까요? 결국 제가 원하는 근무조건 가운데 어떤 부분을 타협해야 하는 걸까요? 잘 모르겠습니다.

갑을 관계라고들 하죠? 자본주의가 별게 아니에요. 자본이 갑이고, 인간이 을이지요. 이건희가 우리보다 위대한 건 우리보다 돈이 많다는 거예요. 우리보다 아주 많아요. 우리는 돈이 없어요. 자본주의는 우리가 돈이 없으면 살 수 없도록 만든 체제입니다. 돈이 있어야 짜장면도 사 먹죠. 배고프다고 해서 자기 살을 파먹을 수는 없잖아요. 짜장면을 만든 사람도 돈이 없다면, 음료수를 사 먹을 수 없습니다. 무조건 돈이 있어야 해요. 그래서 자본주의 사회에서는 돈의 가치가 강력한 겁니다. 그러니까 진정한 갑을 관계는 자본과 인간 사이에 있는 겁니다. 이건희와 우리 사이가 갑을 관계로 보이지만, 본질적인 갑을 관계는 아니죠. 이건희가 돈이 없어지고 우리가 돈이 생기면, 바로 갑을 관계가 뒤집어지니까요.

　이렇게 돈이 없으면 생계마저도 위험한 사회, 돈에 팔리지 않으면 자신이 가진 기술도 의미가 없는 사회, 이것이 바로 자본주의 사회입니다. 이러다 보니 자본주의 사회에서 인간은 돈을 벌기 위해 자신이 아니라 자본가가 원하는 것을 익히게 되겠지요. 능숙한 외국어 능력을 요구하니, 학원에 다니는 것처럼 말입니다. 당연히 우리는 즐거운 일, 향유할 수 있는 일을 하기보다는 자본가가 좋아하는 일, 자본가가 자신에게 요구하는 일을 하게 되죠. 자신이 원하는 일을 하는 것이 주인이고, 타인이 원하는 일을 하는 것이 노예 아닌가요? 그렇지만 누가 노예의 삶을 살고 싶겠어요. 그러니까 노예가 아니라 주인이 되기 위해 투쟁하는 겁니다. 100여 년간 '우리는 인간이다. 우리는 향유할 시간도 필요한 인간이다'라며 자본과 싸워 왔던 것도 이런 이유에서입니다.

　제가 보기에는 본인이 편집디자인을 좋아하시는 것 같아요. 그건 굉장히 좋은 조건입니다. 이런 분들은 노동하는 시간에 향유를 찾을 수 있어요. 연애를 안 해도 됩니다. 일하면서 충분히 행복하니까요. 이분은 일을 할 때 돈만 문제가 되는 게 아닙니다. 내가 노동을 좋아하는 것이기도 하기 때문에 힘드신 거예요. 사실은 가장 큰 욕심을 내고 계시는 겁니다. 노동하는 시간과 향유하는 시간을 일치시키고 싶으신 거니까요. 그런데 그거 하지 마세요. 가장 이상적인 걸 선택하셔서 힘든 겁니다. 포장마차라도 하시고, 집에서 디자인을 하세요. 복지, 작업의 매력도, 연봉이라는 조건을 말씀하셨는데 앞에 두 개는 치우시고 연봉에만 올인하세요. 노동하는 시간과 향유하는 시간이 일치하는 사람은 그다지 많지 않습니다. 이것을 추구하기 위해서는 굉장히 힘든 기간을 거쳐야 하고요. 그렇기 때문에 일단 지금은 노동하는 시간과 향유하는 시간을 분리하시는 게 좋을 것 같아요. 그리고 디자인 작업을 정말로 본인이 향유하고 있는 것인지 다시 한 번 고민을 하셔야 할 것 같아요. 지금까지 배워왔고, 일했고, 칭찬 받았던 것이 디자인이기 때문에 디자인을 좋아하시는 것일 수 있어요. 본인의 삶에서 향유할 수 있는 다른 것이 있을지도 모릅니다.

정착이 어려운 노예

스물여섯 살의 직장인 여성입니다. 저는 대학교 1학년 때부터 최대한 부모님께 손을 안 벌리고 살아 보기 위해 아르바이트를 시작했습니다. 하지만 한 가지 일을 길게 해 본 적은 없어요. 대학을 졸업하면서도 운이 좋게 취직이 되었지만 지금 직장이 벌써 세 번째 직장입니다. 아직 젊기 때문에 3, 4년 정도는 제가 좋아하는 일을 찾고 싶지만, 한 직장에서 2년 이상 진득하게 일을 할 자신은 없습니다. 또 다른 재미있는 일이 보이면 옮겨 갈 것 같아요. 이렇게 한 직장에 정착하지 못하고 방황하는 저, 병일까요?

먼저 말씀드리고 싶은 건, 부모와의 관계입니다. 부모님을 우려먹을 수 있을 때까지 다 우려먹어야 돼요. 왜냐면 그 이상으로 여러분이 부모님께 하게 되어 있거든요. 아버지 돌아가셨을 때 장례비 제가 다 내더라고요. 그리고 한 직장에 정착하지 못하는 건, 병이 아닙니다. 욕심이 있는 거죠. 매시간을 행복하고 즐겁게 살아야 해요. 왜 일하는 노예가 주인의 집에서 가장 즐거운 일을 찾아요? 다행히도 본인은 향유하는 시간이 중요하고 좋다는 의식은 갖고 있습니다. 행복해야 된다는 것. 직장을 이렇게 자주 옮기는 건 굉장히 당당하고 용기 있는 겁니다. 우리는 보통 쫄아서 못하잖아요.

본인은 정상적일 뿐만 아니라 건강한 정신의 소유자예

요. 좋아하는 일을 해야 한다는 감각은 있는 거예요. 이런 생각하는 분들 있을 거예요. '좋아하는 일을 하고 어떻게 살아?' 전형적인 노예들이죠. 싫어하는 일만 하는 게 인생이라는 철학을 가지고 계신 분이 있거든요. 죽어야 되는 사람들이죠. 싫어하는 일을 하면서 왜 살아요? 제일 불쌍한 삶이잖아요. 그래도 '이건 내가 좋아한다, 이건 좋아하는 일이 아니다'라는 감각이 있으면 자기가 어떤 사람인지 막연한 감은 있는 거예요. 이런 정도의 감각은 있어야 진짜 좋아하는 것을 만났을 때 눈에서 하트가 뿅뿅 나오는 거라고요. 그런데 '어른은 싫어하는 것도 해야 된다'는 이야기를 듣고 내가 좋아하는 걸 미리 죽여 버리면 어떡해요? 본인은 괜찮은 상태입니다. 병이 아니에요.

무시당하는 직업을 존중받고 싶은 노예

평일 오전 10시부터 오후 10시까지 일하는 조건으로 월 130만 원을 받고 찜닭 가게의 홀 서빙 직원으로 일했습니다. 그런데 알고 보니 식당 직원 모두가 제대만 기다리는 병장들이더라고요. 한 동료는 "누나, 얼마나 일할 거야? 여기 그만두면 갈 데는 있어? 학교는 안 다녀?"라고 말하며 저를 멘붕에 빠뜨리더군요. 식당 일이라는 게 정말 너무 쉽습니다. 아무나 와서 대충하다 보면 금방 적응해서 일을 잘합니다. 그렇다 보니 사람들은 이걸 아르바이트 정도로 생각하지 직업이라고 생각하지는 않는 것 같아요. 장기적인 직업으로 이 일을 삼으려는 사람에게는 제대로 된 일 좀 하라고 하더군요. 급여가 적고 남들 쉴 때 못 쉬며 힘들게 일하는데도 인정을 못 받는 것이죠. 사람들의 인식 때문도 있지만 정작 이 직업을 가진 사람들조차도 이런 문제를 그다지 고민해 보지 않기 때문인 것 같습니다. 관리자 직함을 달고 있는 사람도 일하는 사람을 일회용으로 착각하고 쉽게 생각합니다. 일을 하는 본인도 동료도 타인도 경시하는 일을 어떻게 존중받게 할 수 있을까요?

우리가 허영에서는 벗어나야 할 것 같아요. 정규직, 비정규직, 아르바이트와 같은 구분들이 있죠? 그런데 우리가 특히 아르바이트라는 용어를 함부로 쓰는 것 같아요. 너무 자조적으로 폄하하듯이 '나 요즘 알바해'라는 식으로 쓰고 있죠. 일은 어느 것이나 모두 굉장히 소중한 것입니다. 왜냐하면 생존

정규직이면 뭐해요?
밤새도록 야근하고 돈을 많이 벌면 뭐하냐고요.
그 돈으로 향유할 시간도 없는데 말예요.
다 정규직에서 일한다는 허영뿐이죠.

과 향유를 가능하게 하니까요. 그러니 고맙고 소중한 것이죠. 향유할 시간을 허락하지 않는다면, 아무리 연봉이 높은 정규직이라도 과감하게 버려야 합니다. 그래서 향유도 어느 정도 가능하다면 차라리 아르바이트가 더 좋을 수도 있어요. 정규직이면 뭐해요? 밤새도록 야근하고 돈을 많이 벌면 뭐하냐고요. 그 돈으로 향유할 시간도 없는데 말예요. 다 정규직에서 일한다는 허영뿐이죠. 그러니까 중요한 것은 생존과 향유를 동시에 고려하면서 일자리를 고민해야 한다는 겁니다. 우리가 어떤 일을 하든지 향유할 시간과 여유가 있다면 우리에게 더 나은 삶을 꿈꿀 수 있는 희망은 있기 때문이에요.

반대로 향유는커녕 생존도 보장하지 않는 일자리들이 늘어 간다면, 치열하게 정권이나 자본가와 투쟁을 해야겠죠. 자기 밥그릇을 챙기는 것은 동물도 하는 일이에요. 만물의 영장인 우리가 동물도 하는 행동을 못한다고 해서야 말이 돼요? 그러나 혼자서는 사회 시스템을 바꾸기 힘드니, 우리가 단결하고 연대해야 할 겁니다. 물론 이런 투쟁은 밥그릇 자체만을 위한 것은 아닙니다. 밥그릇이 확보되고 어느 정도 그것이 넘쳐야 향유할 수 있는 시간을 확보할 수 있기 때문에, 우리는 투쟁하는 거예요. 그렇지만 갈수록 정권과 자본은 밥그릇을 걱정하게 하는 사회를 만들려고 하죠. 그래야 우리가 자기들의 말을 잘 듣는다고 생각하는 겁니다. 배고프면 시키는 대로 다

한다는 생각을 하고 있는 거예요. 나쁜 놈들이죠.

지금 우리 사회는 노동하는 시간을 더럽게 많이 늘려 놨어요. 이분은 지금 하루에 12시간을 일하고 130만 원을 받습니다. 심각한 문제죠. 생존하기 위해서 200만 원 정도가 필요하다면, 이분은 18시간은 일해야 된다는 결론에 이릅니다. 향유하는 시간을 갖고 싶고 무언가를 향유하고 싶어도 지쳐서 못 해요. 가령 내가 사랑하는 사람이 아프면 가서 보살펴 주고 싶잖아요. 그런데 내가 오늘 18시간을 일하면 보살피기도 전에 지쳐요. 이게 우리의 가장 심각한 문제입니다. 그러니까 이 문제는 구조적인 문제예요. 항상 이 문제에 우리가 관심을 가져야 하는 건 '나는 아니다'라는 게 중요한 게 아니라 앞으로 여러분 후배들, 여러분 아이들이 이 구조에 다시 또 편입되기 때문입니다. 삶의 질은 엉망이 되겠죠.

12시간 일하고 130만 원을 받고 산다면 결혼을 생각할 수 있을까요? 아이를 낳을 생각을 할 수 있을까요? 여행갈 생각을 할 수 있을까요? 예쁜 강아지 한 마리 키울 수 있을까요? 이 문제는 우리가 같이 고민해 줘야 되는 거예요. 여기서 여러분들이 힘을 좀 많이 내야 하고 관심을 가져야 합니다. 노숙자를 봤을 때, '저 놈의 노숙자'라고 하면 안 됩니다. 그 노숙자 한 명을 구하는 게 중요한 게 아니라 노숙자라는 형식을 없애야 하는 거죠. 한 명의 노숙자가 사라지면 또 노숙자가 들어오잖아요. 이것이 인문학적 감수성이 필요한 이유입니다. 지금 우리의 노동 구조 속에 여러분의 증손자가 증손녀가 들어가는 모습을 봐야 돼요. 집세도 계속 오르고 연금도 올라갈 거고, 몸 아플 때 돈 없으면 고치지도 못하는 세상이 될 거라고요. 돈 많은 놈만 살게 되는 겁니다.

　　직장 다니시는 분들 고민을 좀 해 보세요. '회사 일을 사랑해' 절대 이런 생각하지 마세요. 불행히도 일을 사랑하시는 분들이 있습니다. 가정이 화목하지 못하거나, 아니면 퇴근 후에 낙이 없는 분들. 그러니 그나마 친숙한 회사에 더 오래 있으려고 하죠. 주말에 아이랑 있는 것보다 회사에 나와 있는 게 더 좋으신 분들도 있어요. 사람은 더 편한 곳에 가 있으려고 하거든요. 주말에 아이만 보면 졸리고, 아이가 놀러 나가면 잠이 깨요. 과도한 노동 때문에 피곤해서 이렇게 되는 거예요. 너무 피곤해서 아이랑 놀 시간이 없으니까 아이랑 노는 방법을 모르죠. 그러니까 더 피곤한 거예요. 사람은 친숙한 것을 수행하는 데는 에너지가 적게 들지만 친숙하지 않은 것을 할 때는 에너지가 많이 들어요. 아이는 무럭무럭 자라서 계속 낯설어지니까 계속 적응을 해야 되죠. 그러니까 사실 아이가 자라는 걸 따라갈 수 있는 여유를 갖지 못하면 자식과의 관계는 붕괴됩니다. 돈으로 처바를 수밖에 없죠. 나중에 아이가 돈 벌기 시작하면 끝나는 관계인 거예요. 이 불행이 계속 반복됩니다. 이건 사회적 조건들의 문제예요.

노동하는 시간과 향유하는 시간이 있는데, 향유하는 시간을 극도로 줄이면 사회가 보수화되는 겁니다. 연금으로 퉁쳐서 20만 원 주는 게 복지가 아닙니다. 향유하는 시간을 어떻게 확보할 것인지, 향유하는 시간을 안정적으로 확보하기 위해서 사람들이 자기가 원하는 일 근처에 가도록 취업과 이직을 편안하게 할 수 있느냐가 중요한 거예요. 우리는 지금 개인적으로 해결하는 방법들을 모색했지만 궁극적으로는 우리 사회의 시스템이 바뀌어야 해요. '왜 그렇게 열심히 해요?' 그런 얘기 하는 사람들 있죠? 어차피 잘리거나 그만둘 거고 내가 좋아하는 일도 아니니 미리 그만둘 사람들이에요. 그 사람들이 일이 싫어서 그렇게 된 건 아니에요. 보수화된 사회구조 탓이고 사람들을 생계에 연연하게 만들면서 자신의 기득권을 유지하려는 사람들 탓이죠. 정 붙이면 정 붙인 일을 그만두는 건 너무 힘들잖아요. 그러니까 스스로 정을 안 두는 거예요.

백장 스님 얘기를 다시 한 번 드리고 싶습니다. 일하는 동안에는, 무슨 일을 하든간에 우리는 살아 있는 겁니다. 우리의 가장 큰 착각은 우리가 자본가 입장에서 생각하고 있다는 것입니다. 자본가의 입장에서 나의 일을 돈이 되는 일과 돈이 안 되는 일로 스스로 나누고, 좋아하는 일이지만 돈이 안 된다는 이유로 버렸던 겁니다. 그 죗값을 지금 치르고 있다고 보시면 됩니다. 여러분이 다시 행복해지기 위해서는 자본이 원하지 않아도 내가 행복하다면 기꺼이 그 일을 하고, 내가 행복한 일을 하는 데 돈이 필요하다면 또 사냥을 떠나면 됩니다. 가장 행복한 사람은 자신이 하는 일이 향유이자 동시에 노동이기도 한 사람이겠죠. 제작하고 창조하고 무언가를 만드는 사람들이죠. 홀로 하는 직업일 때만 가능해요.

하지만 어떤 회사에서 그 성원으로 노동자로 취업을 한다면 어떻게 해야 되는지 이제 아시겠죠? 최대한 여러분의 에너지를 아끼면서 월급을 받는 지혜를 가질 것. 근면의 신념은 절대 가져서는 안 될 것. 근면해서 좋은 게 아니라 여러분이 좋아하는 일을 하게 되면 자연스럽게 부지런해집니다. 연애가 좋으면 우리가 얼마나 근면하게 연애를 해요? 근면의 가치를 착각하지 않았으면 좋겠어요. 내가 좋아하는 일이 있으면 근면하게 되지만 근면하다고 해서 내가 그 일을 좋아하는 건 아니에요.

누누이 이야기했지만 우리가 가져야 할 지혜는 시간에 대한 것입니다. 삶의 시간은 노동하는 시간과 향유하는 시간 둘로 양분됩니다. 우리의 행복은 가급적 노동하는 시간을 줄이는 데 있는 것이죠. (하지만 노동하는 시간을 아예 없애고 향유하는 시간만 있다고 하면, 그건 누군가의 음식을 빼앗아 먹는다는 걸 의미합니다. 어쨌든 우리의 삶에서 일과 노동은 뺄 수 없어요.) 노동하는 시간과 향유하는 시간으로 자신의 삶을 평가하면, 우리는 제대로 삶을 영위할 수 있는 준비를 갖추게 됩니다. 사회철학자나 정치가들도 모두 이 삶의 시간을 기준으로 주어진 사회를 분석하고 도래할 사회를 꿈꾸어야 합니다. 우리 주변을 돌아봤을 때 사람들이 노동하는 시간이 너무 많아서 향유하는 시간이 없다고 하면 그 사회는 나쁜 사회인 거예요. 이런 사회에서 산다는 것은 불행이자 남루함이지요. 학교에서 학생들이 자기가 원하지도 않았던 과목을 공부하고, 쉬지도 못할 때 불행한 것처럼 말예요.

노동만 하는 노예의 삶은 우리를 자살로 이끌어요. 내가 좋아서 하는 일이 하나도 없는데 왜 살아요? 결정적인 순간에 죽을 수 있어요. 하지만 주인은 자살하지 않아요. 내가 좋아하는 게 있고, 내가 향유하는 게 있고, 내가 사랑하는 사람이 있다면. 내가 좋아하는 취미가 있고, 내가 좋아하는 음악가, 내가 좋아하는 작가가 있다면 왜 죽어요? 여러분이 좋아하는 것들을 하나씩 얻어 나가야 합니다. 여러분이 지금까지 어떻게 살았는지 모르지만 1997년 IMF 구제금융 사태 이후에 학창 시절을 보냈던 분들은 굉장히 쪼이는 삶을 살았고, 최고급 노예가 되었습니다. 노예가 되는 것조차 힘들어질 것 같은 불안감

속에서, 노예가 되는 게 최상의 삶인 것 같은 경제적·사회적 조건에서 살아오신 겁니다. 취업을 못하면 아예 노예도 못되는 불쌍한 인간이라고 취급을 받았던 거죠.

하지만 잊지 말자고요. 이 자리에 많은 고민들이 나왔잖아요. 나의 삶에 일이란 무엇인지, 혹은 무엇이어야 하는지, 더 진지하게 고민했으면 좋겠습니다. 그럴 때 언제 지금 있는 직장을 떠나 다른 직장을 구해야 하는지도 분명해질 겁니다. 매너리즘에 빠지지 마세요. '대학 졸업하면 누구나 직장에 가니 나도 가야지'라는 식으로는 삶을 제대로 살아 낼 수 없습니다. 아무쪼록 잘 살아서 나중에 눈감을 때 '참 재밌었다'며 돌아가셔야 돼요. 내세를 기대하고 젖과 꿀이 흐르는 천국을 기대하는 삶 말고 지금 여기에 젖과 꿀이 흐르도록 합시다. 항상 이걸 명심하자고요. 그러니까 앞으로 사냥 잘 하시고, 사냥이 어느 정도 됐으면 빨리 빨리 먹이 가지고 집으로 돌아가세요. 여러분이 좋은 사냥을 하시고, 잘 나눴으면 좋겠습니다.

우리는 왜 죽도록 일만 하는가?

워커홀릭의 계보학

> 만일 행복이 눈앞에 있다면
> 그리고 큰 노력이 없이 찾을 수 있다면,
> 그것이 모든 사람에게 등한시되는 일이
> 도대체 어떻게 있을 수 있을까?
> 그러나 모든 고귀한 것은
> 힘들 뿐만 아니라 드물다.
>
> — 스피노자Baruch Spinoza, 《에티카》

독재자의 생각에 따라
소처럼 묵묵히

근면, 자조, 협동. 어디선가 많이 들어본 구호일 겁니다. 개발 독재 시절 농촌 지역을 근대화하려는 목적으로 정부 주도하에 시작된 새마을운동의 슬로건이지요. 당시 새마을운동은 〈잘 살아보세〉라는 배경음악과 함께 위풍당당하게 이루어졌습니다. 보릿고개로 상징되는 해묵은 가난과 배고픔을 극복해 보자는 것이 표면적인 명분이었지요. 그렇지만 지금 돌아보면 무엇인가 중요한 것이 빠졌다는 느낌이 듭니다. 슬로건 자체가 그저 소처럼 일만 하자는 취지 아닌가요? 더군다나 정부가 주도했던 운동임에도 모든 책임, 즉 가난의 책임을 국민들에게 전적으로 돌리고 있는 논리도 문제이지요. 부지런하지 않기 때문에, 정부나 타인에게 의존하기 때문에, 서로 도와주지 않기 때문에 가난하게 되었다는 겁니다. 바로 이것입니다. 그저 소처럼 묵묵히 열심히 일하면 된다는 겁니다. 그러면 언젠가 우리도 잘 살게 될 테니까요.

어떻게 하면 잘 사는 것인지, 그것에 대한 진지한 고민이 없었다는 것, 아니 생각하지 말아야 했었다는 것. 그것이 박정희의 지배가 독재일 수밖에 없는 이유이기도 합니다. 생각은 오직 최고 통치자만 하면 됩니다. 그의 탁월한(?) 영도에 따라 그저 묵묵히 일하면 됩니다. 고마운 일이지요. 생각마저 대신해 준다는 최고 통치자의 배려가요.

여기서 억압적인 사회를 정당화하는 해묵은 관념이 떠오르지 않나요? 사회에는 정신노동과 육체노동이란 분업이 존재해야 하며, 당연히 정신노동은 육체노동보다 우월하다는 생각입니다.《맹자》의〈등문공·상上〉편을 보면, 다음과 같은 말이 등장합니다. "정신노동을 하는 사람은 다른 사람을 지배하고, 육체노동을 하는 사람은 다른 사람에게 지배를 받는다. 지배를 받는 사람은 자신을 지배하는 사람을 먹이고, 지배하는 사람은 지배를 받는 사람에게서 먹을 것을 얻는다 勞心者治人, 勞力者治於人. 治於人者食人, 治人者食於人."

정신노동과 육체노동, 맹자의 표현을 빌리자면 '노심자勞

心者'와 '노력자勞力者'라는 구분은 동서양 할 것 없이 모든 권위주의적인 체제의 핵심적 공리로 반복됩니다. 이것이 박정희 개발독재가 우리에게 혹은 민주주의에 안겨 준 치명적인 상처의 핵심일 겁니다. 그는 우리를 마음은 쓰지 않고 육체를 쓰는 사람으로 만들려고 했던 겁니다. 그렇지만 마음을 쓰지 않는다면, 그러니까 자신의 삶과 공동체의 운명에 대해 고민하지 않는다면, 우리는 소와 같은 가축에 지나지 않는 것 아닐까요? 생각의 자유가 없다면 우리가 짐승과 무슨 차이가 있겠습니까. 여기에 어떻게 민주주의가 가능할 수 있다는 말인가요? 각 개인이 자신의 자유로운 판단에 따라 공동체의 규칙을 결정하지 않는다면, 민주주의란 불가능한 법이니까요. 민주주의 사회에서 양심의 자유, 언론과 출판의 자유, 그리고 집회와 결사의 자유가 가장 중요할 수밖에 없는 것도 이런 이유에서일 겁니다. 자신만이 생각하겠다는 박정희의 오만에 대해 국민들이 저항했던 것은 어쩌면 당연한 일인지도 모릅니다. 생각의 능력을 가진 인간이 생각을 하지 않는다는 것은 견딜 수 없는 노릇이니까요.

  그렇지만 박정희는 1972년 유신헌법을 통해 민주주의에 대한 열망, 그러니까 스스로 생각하겠다는 국민들의 염원을 좌절시키고 맙니다. 그러나 과연 1945년 해방된 이래, 독재자는 박정희만 있었던 것일까요? 불행히도 절대 아닙니다. 박정희의 독재 이전에 권력을 위해 부정선거를 꾀하던 이승만의 독재가 있었고, 박정희 이후에도 광주를 피바다로 만든 전두환의 독재가 있었지요. 그러나 시선을 더 확장해 보세요. 20세기 초반 우리는 일본제국주의의 식민지였습니다. 식민지의 주민만큼 폭압적인 독재에 시달렸던 사람이 또 있을까요? 결국 우리의 20세기는 독재의 세기, 그러니까 민주주의가 숨을 쉴 수도 없었던 독재와 폭정의 시기였다고 할 수 있습니다. 그래서 우리는 스스로 생각하며 살 수가 없었던 겁니다. 너무 오랫동안 생각하지 않아, 스스로 생각하는 것마저도 익숙하지 않은 일이 되고 말았던 겁니다. 우리는 스스로에게 최면을 걸었던 겁니다. '독재자만이 생각할 수 있을 뿐이다. 주민들은 그저 독재자의 생각에 따라 소처럼 묵묵히 일해야 한다'라고 말입니다. 스스로 생각한다는 것 자체가 독재 치하에서는 하나의 반역행위일 수밖에 없으니, 어쩌면 생존을 위한 이런 우리의 선택은 너무나 당연한 것이었는지 모릅니다.

산업자본이 명령하는 불가피한 사명:
자기 계발과 자기 혁신

산업자본주의를 떠나서 우리는 근대사회의 핵심을 파악할 수가 없습니다. 산업자본은 새로운 제품을 만들어 과거의 낡은 제품을 폐기처분하는 힘으로 작동합니다. 그래서 산업자본은 상업자본과는 그 작동 원리 자체가 다르다고 할 수 있지요. 상업자본은 공간의 차이, 정확히 말해서 가격 차이가 나는 두 지역을 전제로 해서 이윤을 얻습니다. 예를 들어 볼까요? 바닷가에서는 해산물의 가격이 싸지만, 내륙 깊은 곳에서는 동일한 해산물이 훨씬 더 비싼 가격에 팔립니다. 그러니까 상인은 우선 바닷가 근처 어촌에서 해산물을 삽니다. 그렇지만 어촌의 그 누구도 상인에게 싸게 팔았다는 생각을 하지 않을 겁니다. 제 가격을 주고 팔았으니까요. 해산물을 들고 상인은 내륙 마을로 들어갑니다. 그곳에서 상인은 해산물을 팝니다. 그렇지만 마을의 그 누구도 상인이 비싸게 팔았다고 투덜대는 일은 없을 겁니다. 그곳의 해산물 가격으로 팔았으니까요. 이렇게 가격 차이가 발생하는 지역들이 존재하는 한, 상인, 그러니까 상업자본은 항상 발생할 수 있습니다.

상업자본과는 달리 산업자본은 시간의 차이를 통해서 이윤을 남깁니다. 상업자본의 경우 공간의 차이, 그러니까 지역에 따른 가격 차이가 미리 정해져 있다면, 시간의 차이는 미리 존재하는 것이 아니라 산업자본 자체의 힘으로 만들어지는 것입니다. 새로운 상품을 시중에 내놓으면서 산업자본은 우리에게 시간이 흘러갔다는 사실을 받아들이라고 강요합니다. 산업자본이 신제품으로 만든 새로운 시간 차이가 바로 '유행'이지요. 유행은 다른 사람보다 우월하고 싶은 인간의 허영을 매우 강하게 자극합니다. 새로운 옷을 입거나 새로운 차를 몰 때, 우리는 자신보다 유행에 뒤떨어진 옷이나 차를 가진 사람을 보고 우월하다는 느낌을 갖기 쉬우니까요. 유행을 선도하는 산업자본은 살아남아 번성할 테지만, 그렇지 않고 한때의 영화에 취해 있는 산업자본은 무자비하게 도태할 수밖에 없습니다. 한때 휴대폰 시장을 장악했던 노키아라는 회사가 스마트폰의 유행 앞에서 도태되는 것도 다 이유가 있었던 셈입니다.

결국 새로운 유행을 만드는 데 중요한 계기인 기술혁신은 산업자본으로서는 사활을 건 문제라고 할 수 있습니다. 바로 여기서 분업화의 논리가 중요한 관건으로 대두합니다. 그렇지만 분업화는 전문화의 과정이 없다면 이루어질 수 없는 과정이라고 할 수 있지요. 기술혁신을 위해서는 아무래도 전문화가 더 유리할 테니까 말입니다. 이런 산업자본의 내적 메커니즘에 부응하기 위해 대학을 포함한 연구기관도 세분화되고 더 효율적으로 전문화된 인력을 양산하는 방향으로 변할 수밖에 없습니다. 좌우지간 10개를 한꺼번에 연구하는 것보다 1개만을 연구할 때, 기술혁신은 더 효과적으로 이루어질 수 있으니까요. 당연히 산업자본이 발달할수록 종합적이며 전인적인 교육, 혹은 인문학적 교육은 와해될 수밖에 없을 겁니다. 산업자본은 분업 체계의 한 구석을 담당할 수 있는 전문교육을 선호하니까 말입니다. 산업자본 사이의 경쟁이 치열할수록, 이런 경향은 강화될 수밖에 없지요. 그 부작용이 아마도 인간을 총체적으로 이해하려는 인문학의 퇴조로 나타났다고 할 수 있을 겁니다.

대학에서도 그리고 직장에서도 이제 우리는 새로운 기술혁신을 강요받는 존재가 되어버리고 맙니다. 당연히 우리는 더 많은 시간을 연구실에서 아니면 회사에서 보내게 되었습니다. 그리고 우리 삶의 에너지 대부분은 우리가 맡고 있는 전문화된 분야에 투여됩니다. 그렇지만 여기에 별다른 선택의 여지는 없습니다. 대학에서부터 우리는 자본이 요구하는 것만을 배워 왔기 때문이지요. 이미 자신이 전공한 분야를 제외하고는 우리는 나머지 분야에 문외한이 된 지 오래된 셈입니다. 그럴수록 우리는 기술혁신이라는 자본의 명령을 생존의 명령으로 수용할 수밖에 없게 됩니다. 이렇게 자기 계발과 자기 혁신은 생존을 위한 불가피한 사명이 되어 버린 겁니다. 면접 때 우리는 자신이 자본이 원하는 능력을 얼마나 가지고 있는지 고해성사를 합니다. 그렇지만 이런 고해성사는 이제 상시적인 일이 되어, 별로 새로울 것도 없습니다. 매번 우리는 자신이 월급을 받을 만한 사람이라는 것을 입증해야 하기 때문이지요.

향유의 시간을 강탈당한
워커홀릭의 탄생

오래된 독재의 경험을 통해 우리는 어떻게 살아야 잘 사는 것인지 생각하는 걸 망각하게 되었습니다. 어떻게 하면 잘 사는 것인지 조금만 생각하고 반성할 수 있었다면, 우리는 더 행복했을 텐데 말입니다. 불행한 일이지요. 설상가상으로 1997년 IMF 구제금융 사태 이후, 자본주의는 우리를 한 치 앞도 생각할 수 없는 치열한 경쟁 속으로 더 무섭게 몰아넣어 버리고 맙니다. 이제 일이 있다는 것 자체가 하나의 축복이 되어 버렸지요. 그러니 일한다는 것 이외에 다른 것을 생각할 겨를도 없고, 여력도 없습니다. 한눈을 팔았다가는 그나마 있는 일도 다른 사람에게 빼앗길 수 있기 때문이지요. 그럴수록 우리는 더욱 일에 몰입하게 됩니다. 일할 수 있다는 것 자체를 즐기기 위해서, 혹은 일할 수 있을 때 실직의 공포를 잠시라도 잊기 위해서 말입니다. 마침내 우리는 일에 중독된 워커홀릭이 되어 버리고 만 것입니다. 이제 더 이상 우리는 왜 일을 해야 하는지, 그리고 어느 정도까지 일을 해야 하는지를 고민하지 않게 된 것입니다.

　　과거 원시인들은 우리보다 훨씬 더 지혜로웠다고 할 수 있지요. 그들은 자신의 삶에 대해 우리보다 더 많은 생각을 할 수 있었기 때문입니다. 그들은 알고 있었던 겁니다. 자신의 삶은 사냥하는 시간과 향유하는 시간으로 양분된다는 사실을. 당연히 그들은 사냥하는 시간은 향유하는 시간을 위한 수단에 불과하다는 사실도 이해하고 있었습니다. 향유하는 시간은 사냥하는 시간이 아니라 사랑하는 시간, 공유하는 시간, 그리고 창조하는 시간입니다. 물론 그들은 사냥하는 시간을 무시하지는 않았습니다. 사냥을 하지 않는다면 향유도, 사랑도, 창조도 불가능할 테니까 말입니다. 그렇지만 사냥하는 시간을 통해 아무리 많은 사냥감을 확보할 수 있다고 하더라도, 그들은 일정 정도의 사냥감이 모이면 신속하게 부족과 가족들의 품으로 돌아왔습니다. 이 정도면 충분하니까요. 그들은 생각보다 빨리 사냥감을 확보한 것에 대해 자기가 믿고 있는 신에게 고마움을 표시했지요. 그렇지만 신에게 고마워하는 이유는 그만큼 그들에게 향유하는 시간이 많이 주어졌기 때문입니다.

원시인들의 삶을 엿보게 해 주는 동굴을 들어가 보세요. 그들은 자기의 주거지에 온갖 벽화를 새겨 넣었습니다. 생존을 위한 경제에서 벗어났을 때에만 가능한 예술 활동을 그들은 하고 있었던 셈입니다. 분명 우리는 양적으로 원시인들보다 잘 살고 있는 것처럼 보입니다. 그들이 생각하지 못한 문명의 혜택을 다 누리고 있으니까요. 그렇지만 우리는 불행하기만 합니다. 지금 우리는 향유하는 시간을 위해 일한다는 사실을 까먹고 있기 때문이지요. 일에 중독되어 있다는 것은 그만큼 다른 것에 젬병일 수밖에 없다는 것을 의미합니다. 어느 하나에 능숙하다는 것은 다른 것에는 서툴다는 것을 함축하니까요. 그러니 아이들과 노는 것, 아내와 산책을 하며 대화를 나누는 것, 심지어 가족과 함께 공연장에서 연주에 몸을 맡기는 것, 어느 것 하나 피곤하게 느껴지지 않는 것이 없습니다. 익숙하지 않은 것을 한다는 것은 항상 과도한 에너지를 소비하는 일일 테니까 말입니다. 그러니 다시 일에 몰입하게 됩니다. 잘할 수 있는 것이 일밖에 없고, 그래서 일할 때 편안함을 가장 잘 느낄 수 있기 때문이지요. 이런 식으로 마침내 우리는 구제할 수도 없는 워커홀릭으로 탄생하게 된 것이지요.

이제 용기가 필요한 시간

'왜 한국인은 죽도록 일만 하는가?' 이제야 우리는 대답할 수 있게 되었습니다. 스스로 생각하지 않고 일만 했던 오래된 독재의 경험, 그리고 치열한 생존 경쟁으로 일자리 자체를 지상의 가치로 만들었던 산업자본의 압력. 이 두 가지 요소가 서로를 강화시키면서 우리를 워커홀릭으로 만들었던 겁니다. 마침내 일만 하는 가축과도 같은 삶이 탄생했고, 사랑하고 창조하는 향유의 시간은 철저하게 망각되어 버린 겁니다. 푸코Michel

Foucault의 지적처럼 지배와 억압이 관철되는 최종 장소가 주체인 것처럼 자유와 행복이 실현되어야 하는 장소도 주체일 수밖에 없습니다. 그렇기에 우리 시대에 인문학이 필요한지도 모를 일입니다. 인문학은 수동적이고 관습적인 주체를 능동적이고 성찰적인 주체로 변형시킬 수 있는 힘을 가지고 있기 때문이지요. 이제 깊게 생각할 때입니다. 어떻게 사는 것이 행복한 것인지. 그리고 그러기 위해 우리에게는 어떤 덕목이 필요한지. 이제 눈에 들어오시나요? 행복해지기 위해 필요한 진정한 덕목이 바로 용기라는 것이. 사랑하고 창조하는 시간, 즉 향유하는 시간을 위해 일하는 시간을 줄인다는 것은 생각보다 쉬운 일이 아닐 테니 말입니다.

정치

이번 테마는 '정치'입니다. 인문학의 주어는 항상 '나'이기 때문에 사적인 주제를 이야기하는 것은 편한데, 정치는 '3인칭'입니다. 나의 문제라기보다 구조의 문제에 가까워요. 그래서 정치는 상당히 멀고, 움직이기가 힘들고 어렵죠.

우리가 정치에 무관심한 이유

여기 집이 좀 사시는 분 있어요? 제가 이 질문을 하는 건, 재산 있는 사람들이 정치에 민감하기 때문이에요. 몇몇 사람들은 대통령이 누구냐에 따라 현저히 재산 규모가 달라지거든요. 우리는 정의감에 불타지만 별로 민감하지 않아요. 세대 간의 차이를 이야기하는 분들도 있죠. 그래서 젊은 사람들이 투표를 많이 할 수 있게 투표 시간을 늘리자는 이야기들도 많이 합니다. 하지만 저는 투표를 밤 10시까지 해도 투표율은 그다지 오르지 않을 거라고 봅니다. 할 사람은 다 하거든요. 어떤 사람들은 할아버지, 할머니를 관광을 보내자는 이야기도 합니다. 그런데 잊지 말아야 하는 게 그 할머니, 할아버지도 가진 게 그다지 없다는 거예요. 젊은 분들 지하철에서 할머니, 할아버지들 만나죠? 노약자 지정석에 앉아 계시잖아요. 그분들도 가진 게 없고 여러분도 가진 게 없어요. 그러니까 같이 지하철

타고 있는 거예요. 우리가 문제를 삼아야 할 사람들은 에쿠스를 타고 다니는 사람들입니다.

제가 이 이야기를 먼저 드리는 이유는, 여러분들이 무언가를 가지고 있고 지킬 게 있는 분들인지, 아니면 누구를 뽑으면 혹여 여러분들에게 뭔가 생길 것이라고 생각하시는 건지가 궁금해서예요. 어느 입장이든 놀라운 것은 '사적 소유', 그러니까 '내가 무엇인가를 가진다'는 생각을 공유하고 있다는 겁니다. 우리 사회에서 지금 가장 소중한 것으로 규정되는 것들에 사적 소유권을 인정한다는 겁니다. 이것이 바로 부르주아 법률의 특징이지요. 우리한테 만약에 정치가 있다면 그것은 항상 사적 소유권을 둘러싸고 벌어지게 된다는 겁니다. 사적 소유권을 강하게 인정한다면 보수적인 입장이고, 그것을 부정하거나 일정 정도 제약해야 한다고 주장한다면 진보적이라고 할 수 있습니다. 국영으로 운영 중인 여러 가지 사업들을 민영화한다는 이야기 자주 들어 보셨죠? 이게 정말 나쁜 겁니다.

국영사업이 민영화가 되면 나중에 회수할 수 있는 방법이 없어요. 우리 헌법에 따르면, 가령 코레일을 민간 기업이 가져가면 회수가 안 돼요. 헌법에서 사적 소유권을 인정하기 때문입니다. 보수 정당은 늘 '자유민주주의'를 강조하죠? 그런데 그들이 말하는 '자유민주주의'에서 '자유'라는 건 인문학적 의미의 자유가 아니에요. 그들이 말하는 '자유'란 재산을 가질 수 있고, 처불할 수 있는 자유를 의미하는 겁니다. 보수 정당에서 자유민주주의란 개념을 계속 사용하는 건, 자유가 자본주의를 상징하기 때문이에요. 그러니까 '자유민주주의'라는 말에서 '민주주의'는 멋진 레토릭에 불과한 겁니다. 그래서 자유민주주의는 그냥 자유주의예요. 신자유주의라는 용어와 기묘하게 매치되죠. 영리를 추구할 수 있고 이윤을 추구할 수 있다는 겁니다. 만약 현 정권이 국영사업을 민영화해서 다 팔아먹으면 다음 정권이 그것들을 다시 회수할 수 없어요. 사적 소유권을 침탈하는 거니까요. 개인의 손에 떨어진 모든 재산은 회수를 못 합니다. 심각한 문제죠. 지금 영리 병원 생기고 있죠? 이제 가난한 인간들은 아프면 죽어야 되는 거예요.

우리 사회에서는 선거를 통해 대표자를 뽑죠? 대통령도 그중 하나인 건데, 대통령은 예산을 어디에 집중할지를 결정합니다. 권력은 여기에서 오는 거예요. 세금을 걷어서 예산이 모이면, 이 돈을 어디에 분배할지 결정하는 것이 행정부 수반의 고유 권한입니다. 그래서 선거에 출마한 후보자들의 공약을 살펴봐야 하는 거죠. 그런데 우리나라 정치의 특징이 뭔지 아세요? 선거 때 공약을 안 본다는 거예요. 그러니 공약을 안 지켜도 되죠. 여러분들도 그렇잖아요. 선거철에 후보자들 공약이 무엇인지 정확하게 알고 투표했나요? 그런데 우리를 제외한 사람들, 아파트 좀 가지고 있고 땅 좀 가지고 있고 주식도 가지고 있는 사람들은 공약을 점검한다고요. 여러분들은 공약으로 판단 안 하죠? 우리는 가진 게 없어서 그런 거예요. 이게 심각한 겁니다. 왜 사람들이 투표를 안 하는지 알아요? 왜 무관심할까요? 가진 게 없으니 지킬 게 없는 거예요. 사적 소유권을 인정하는 이 사회에서 누가 정치에 가장 민감하겠어요? 가진 사람들이에요. 여러분 한 사람, 한 사람이 갖고 있는 투표나 정치에 대한 열망은, 기업을 소유한 사람이 가진 열망의 백분의 일도 안 될 거예요. 이러니 게임이 되겠어요?

국가는 하나의 교환체계다:
수탈과 재분배의 기구

일본에 가라타니 고진柄谷行人이라는 철학자가 있는데, 이 사람은 국가를 신성시하지 말자는 입장을 갖고 있어요. 고진은 국가를 "하나의 독특한 교환체계"라고 이야기합니다. 그가 국가를 교환체계로 보자는 것은 국가를 '탈신비화'하자는 겁니다. 신비한 것은 공격하거나 개혁하기 힘들기 때문이죠. 생명을 신비화하는 사람들이 아직도 많이 있어요. 무지해서 그런 건지 아니면 의도적으로 그런 건지 모르겠어요. 피가 부족한데 헌혈도 못 하게 해서 애꿎은 생명을 죽음으로 몰고 가는 사람들이 있잖아요. 그런데 생명체의 활동을 신비화하지 않고 일종의 교환으로 본다면 이야기가 달라지죠. 우리 몸이 피가 흐르고 산소와 영양분이 교환되면서 작동한다고 보면, 우리가 위기에 빠진 생명에 개입할 여지가 생기잖아요. 막힌 교환을 뚫어 원활하게 하면 되잖아요. 정 급하면 수혈을 하던지.

생명만 그런가요? 자본주의도 마찬가지라는 겁니다. '보이지 않는 손'과 같은 논의는 자본을 신비화하지요. 반면 마르크스가 말했던 것처럼 자본을 노동자니 자본가니 하면서 돈을 주고 물건을 사면서 돌아가는 것이라고 보면, 자본주의도 탈신비화 될 수 있죠. 자본이 경기가 안 좋다는 건, 그 흐름이 끊겼다는 거잖아요. 그렇다면 고진이 말하는 국가의 교환체계는 어떤 형태일까요? 고진은 국가가 수탈과 재분배라는 교환관계로 존재한다고 이야기했죠? 수탈과 재분배. 뉘앙스가 좀 안 좋나요? 조선시대 때도 조용조라고 해서 국가가 수탈을 했잖아요. 한마디로 세금을 강제로 떼어 간 거죠. 바로 이겁니다. 수탈은 우리가 저항할 수 없는 강제성을 가진 거예요. 그리고 국가는 이렇게 강제적으로 빼앗은 것을 분배합니다. 국가는 수탈과 재분배의 기구예요. 수탈만 하고 분배를 하지 않는다면 나쁜 국가이고, 분배도 나름대로 잘하면 좋은 국가인 셈이지요. 그렇지만 좌우지간 잊지 말아야 할 것은 국가는 수탈에서 출발한다는 겁니다. 수탈을 해야 분배를 하든 하지 않든 선택도 할 수 있으니까요. 없는데 분배한다는 것은 있을 수도 없는 법입니다.

　　현대 부르주아 사회에서 국가가 자본가의 편을 드는 건 가장 많이 수탈할 수 있다고 생각하기 때문이에요. 삼성에서 세금을 얼마나 내요? 엄청 많이 내죠. 반면 우리는 그에 비해 거의 안 내는 편이죠. 물론 우리에게는 큰돈이지만. 이건희가 100억쯤 낼 때, 우리는 커피 사 먹으면서 부가가치세나 좀 낸 거예요. 내가 만약 대통령이라면 누구 편에 서서 정책을 실시할까요? 당연히 삼성 편을 들겠죠. 이건 노무현 전 대통령도 마찬가지였던 거예요. 삼성 편을 들었단 말이에요. 일단은 삼성이나 대기업이 잘 돼야 이 돈 가지고 가난한 사람한테 분배도 할 수 있겠다고 생각한 거겠죠.

　　앞서 가라타니 고진이 국가는 수탈과 재분배의 기구라고 말했다고 했죠? 이제 재분배 문제를 좀 봅시다. 우리는 재분배, 혹은 분배를 공정하게 한다고 하면 바람직한 대통령이라고 하고, 친척한테 몰아주거나 이상한 데 삽질하면 나쁜 놈이라고 하죠. 그런데 이 재분배는 대통령의 고유 권한이에요. 자신의 공약, 이념에 따라 수탈한 것들로 종잣돈을 모으는 거죠. 여러분이 저한테 1,000원씩만 줘 보세요. 꽤 큰돈이 생기거든요. 이걸 제가 어디다 그냥 쓰는 거예요. 수탈과 재분배가 국가 기구의 중요한 특징이에요. 국가가 존재하는 한 수탈과 재분배는 계속 존재한다는 게 가라타니 고진의 생각입니다. 그래서 국가를 낙관적 시각으로 보지 말자는 거예요. 대통령이 되면 그 많은 종잣돈으로 자기가 하고 싶은 걸 다 할 수 있어요. 부럽지 않아요? 눈 오면 한계령 막히니까 그곳에 열선을 다 깔아도 돼요. 대통령의 권한이 그거예요. 국가의 수탈과 재분배가 이런 거라고요. 그러니까 대통령을 잘 뽑아야 되는 겁니다. 재분배를 어떻게 할지를 보고 사람을 뽑아야 되는 거죠.

인간의 혁명은 아직 한 번도 이루어지지 않았다

여러분 혹시 사회민주주의Social Democracy란 말 들어 봤나요? 아주 저주스러운 개념이에요. 민주주의라고 하는 건 한 사람 한 사람이 주인이라는 건데, 그 앞에 사회라는 개념을 떡하니 붙이는 순간 이미 분배자가 등장하는 겁니다. 사회민주주의는 공정한 분배자가 필요하다는 거예요. 현대 세계의 모든 국가에서 정권의 정당성은 바로 여기서 나옵니다. 나는 공정한 분배자이기에 정권을 잡는 것이 정당하다는 겁니다. 그런데 참 웃기지 않아요? 우리 개개인들이 주인이 아니라 분배자라는 존재가 우리한테 분배를 한다는 생각이. 한 사람 한 사람이 주인으로 긍정되는 정치 체제가 민주주의인데 말이죠. 선거 혁명일 수도 있고 봉기일 수도 있습니다. 혁명은 항상 잘 못한

통치자 대신에 잘할 수 있는 통치자를 세우는 거라고 이해되지요. 그런데 사실 통치자와 피통치자라는 근본적인 위계 구조는 그대로 있습니다. 아직 인간의 혁명은 한 번도 이루어지지 않은 셈이지요. 이 억압 구조 자체가 없어지는 것, 그것이 바로 인간의 유일한 혁명이고, 그 꿈이 이루어질 때 민주주의는 명실상부 실현될 겁니다.

마르크스의 글 가운데 반드시 읽어야 할 〈고타강령 비판〉이라는 글이 있어요. 이 글은 사회민주주의가 등장했을 때 마르크스가 쓴 거예요. '고타강령'이라는 게 사회민주주의자들의 강령이에요. 독일 사회주의 노동자당의 강령이죠. '고타강령'을 통해 사회민주주의자들은 정치는 가능하다, 공정한 분배자가 필요하다고 이야기했습니다. 그래서 그들은 분배자와 피분배자라는 근본적인 위계 구조를 그대로 긍정해요. 그러고는 분배자들이 분배하는 그것이 결국 피분배자들로부터 빼앗은 것이라는 자명한 사실을 은폐하지요. 하긴 그렇지 않나요? 4대강 사업이니 무슨 국책사업은 모두 국민들의 세금으로 이루어지는 것 아닌가요? 그런데도 국가는 마치 선심이나 쓰듯이 사업을 마구 시작하죠. 결국 사회민주주의자들은 지배와 억압 관계를 근본적으로 없애려고 하지 않고, 지배자를 '정의롭고 선한 분배자'로 정당화했던 겁니다.

모든 억압적 관계를 부정했던 마르크스가 그걸 보고 정말 흥분해서 〈고타강령 비판〉이라는 글을 쓴 거예요. 엥겔스가 이 글을 편집하면서 많은 부분들에서 '삐리리' 처리를 해요. 마르크스가 너무 흥분해서 글에 욕을 너무 많이 썼거든요. 마르크스 얘기는 이런 거예요. 좌우지간 분배를 얘기하는 새끼는 다 개새끼라는 거죠. 아무것도 없어서 노동해야 하는 사람들과 가진 게 있어서 노동을 할 필요가 없는 사람들로 나뉜 이 구조를 고치지 않고 가난한 자들에게 분배를 한다는 건 헛소리라는 거죠. 근본적인 병은 고치지 않고, 겉으로 드러난 상처에 새로운 반창고만 붙이는 꼴이라는 겁니다. 더 위험한 것은 반창고를 붙임으로써 근본적인 병이 고쳐졌다는 착각이 생길 수 있다는 점입니다. 〈고타강령 비판〉에서 마르크스가 이야기하고자 했던 것, 그리고 마르크스가 그렇게도 흥분했던 이유는 바로 이거예요.

인문학이 고민하는 정치 : 누구도 갖지 못하기 때문에 아무나 가질 수 있는 영역

"국가는 수탈과 재분배의 기구다"라는 가라타니 고진의 이야기를 머릿속에 넣어 두셨으면 좋겠어요. 우리가 정치를 이야기할 때 국가라는 형식을 전제한다면 최상의 형태는 사회민주주의의 형태일 겁니다. 장기적으로 국가라는 형식을 폐지해야 한다면 우리는 중간 단계에 와 있다고 봐야 합니다. 역사를 보면 부르주아 사회 혹은 자본주의 사회가 나타나기 전에 모든 국토와 신하는 왕 하나가 다 가집니다.《시경》에 보면 "막비왕토莫非王土, 막비왕신莫非王臣"이라는 말이 나와요. 왕의 땅이 아닌 곳이 없고, 왕의 신하가 아닌 자가 없다는 거죠. 하지만 이후에 부르주아 사회로 사회가 변하면서 사적 소유가 인정됩니다. 제가 이 이야기를 강조하는 건 소유 형식을 어떻게 폐기할 것인지가 인문학의 입장에서는 정치이기 때문이에요. '일체의 소유 형식을 폐기할 수 있을까'라는 질문이죠. '국가가 다 갖는 것도 아니고, 개개인이 다 갖는 것도 아닌 형태는 무엇일까?'

누구도 갖지 못하기 때문에 아무나 가질 수 있는 영역을 얼마나 넓혀 놓을 수 있을지가 고민인 거죠. 가령 땅을 누가 가질 수 있다고 생각해요? 인간이 먼저 죽어요, 땅이 먼저 죽어요? 표현이 묘하죠? 땅은 가질 수 없는 거예요. 공기도 누가 못 갖죠. 갖는다는 것이 인정된다면, 오래 사는 것이 적게 사는 것을 가질 수 있는 법입니다. 예를 들어 애완견의 수명이 200살이라고 해 봐요. 우리가 어떻게 애완견을 소유해요? 애완견이 우리를 소유해야죠. 이런 영역, 즉 누구도 가질 수 없어서 아무나 가질 수 있는 영역을 어떻게 넓힐 수 있을까요?

역사적으로 국가나 권력자가 모든 것을 가졌던 시대에서

한 단계 발전을 해서 개개인들이 소유를 할 수 있는 여지가 생겼다는 거예요. 그런데 이것이 딜레마인 겁니다. 개개인이 소유를 할 수 있다는 것 때문에 문제가 생기는 겁니다. 누군가가 무엇을 한 번 갖게 되면 그걸 빼앗지를 못해요. 사회주의 체제가 왜 붕괴됐을까요? 모든 사람들이 갖지 못하게 하고 국가가 다 갖는 국유화를 실행한 거죠. 그냥 옛날로 후퇴한 거예요. '국유國有'라는 말은 국가가 소유한다는 의미이고, '사유私有'라는 말은 개개인이 소유한다는 뜻입니다. 어느 것이든 소유란 항상 타자를 배제할 수밖에 없다는 것이 중요합니다. 당연한 일 아닌가요? 무언가를 소유한다는 것은 다른 사람이 그것을 가질 수 있는 기회를 박탈한다는 것을 의미하니까요. 그래서 누구도 가질 수 없어서 아무나 가질 수 있는 영역을 넓히는 것, 이게 중요한 겁니다.

여러분 가정을 생각해 보죠. 집에서 거실을 누가 가져요? 아무도 못 갖지만 누구나 가질 수 있죠. 이해되세요? 아버지가 '방에서 거실로 나오면 죽여 버릴 거야, 거실은 내 거니까' 이러지는 않으시죠? 나도 가질 수 있고 아버지도 가질 수 있습니다. 그렇지만 아버지가 거실에 있는 순간, 나는 거실에서 물러납니다. 반대로 내가 거실에서 친구와 있을 때 아버지는 거실에서 물러나지요. 이런 식으로 작동하는 거실과 같은 영역이 바로 공동체의 영역입니다. 이런 공동체 영역을 얼마나 넓힐 것인가. 이런 고민을 깊게 할 때 일체의 소유 형식을 넘어서는 공동체가 가능해질 겁니다.

여담이 하나 있는데, 소유 형식은 사랑의 형식과 대립된다는 이야기예요. 사랑하는 사람이 있다면, 우리는 내가 가진 것을 기꺼이 내어 놓습니다. 애인이 추위에 떨면 애써 구입한 파카를 벗어 주고, 내 아이가 배가 고프면 내가 먹을 밥을 나누어 줄 겁니다. 이렇게 되었을 때에만 애인과 나는, 그리고 아이와 나는 하나의 공동체를 구성하게 되죠. 반면 '내 파카는 내 거야, 내 밥은 내 거야'라고 하는 순간, 공동체는 완전히 와해될 겁니다. 그렇다고 나의 소유가 철저하게 부정되는 것은 아닙니다. 내가 파카를 입고 있을 때 파카는 내 것이고, 애인에게 파카를 주었을 때 파카는 애인 것이 되는 것처럼 말입니다. 하긴, 가진 것도 없는데 줄 수 있다는 것은 있을 수도 없는 일이죠.

어떤 사람이 독점적으로 소유할 수 없어서 아무나 소유할 수 있는 형식이야말로 사랑의 형식이자 진정한 공동체의 형식입니다. 앞서의 사례처럼 그렇다고 해서 개인의 소유를 철저하게 부정하는 건 아니에요. 소유할 수 있지요. 그렇지만 단서가 하나 있습니다. '영원히', 그리고 '독점적'으로 소유하는 것은 아니라는 거예요. 누구도 가질 수 없어서 아무나 가질 수 있다는 의미가 바로 이것입니다. 우리의 소유는 '영원히'가 아니라 '임시로', '독점적'이 아니라 '타자에게 줄 수 있는' 소유가 될 겁니다. 이렇게 생각해도 좋을 것 같네요. 내가 가진 것은 누구에게 주기 위해 임시로 내가 가지고 있는 것이라고 말입니다. 불교에서 말하는 무소유無所有도 이것을 이야기한 것입니다. 여기서 '무無'를 동사인 '없앤다'로 강하게 읽어야 합니다. 그러니까 무소유는 '내가 가진 것을 없앤다', 다시 말해 누군가에게 준다는 것을 의미합니다. 그것이 무엇이든 말입니다. 이것이 불교의 자비 아니던가요?

어떻게 하면 소유의 형식을 줄여 나갈까를 고민하는 게 인문학에서 고민하는 정치입니다. 의료, 집, 먹는 것 이 세 가지는 절대로 건드리면 안 되는 겁니다. 하나 더 추가한다면 전기 등 발전 시설이 있겠죠. 공적인 영역이어서 누군가가 독점하면 안 되는 영역이 있어요. 의료, 주거, 음식, 그리고 발전 설비 등이 사적인 소유의 영역으로 편입이 되고 영리를 추구하게 되는 순간 우리 공동체는 깨져 나가요. 여러분의 집을 한번 돌아보세요. 가정이 유지되는 기본이 뭔가요? '야, 너 학점을 받은 만큼만 밥 먹어' 이러면 좀 이상하지 않아요? 내가 가족이나 공동체에 속해 있다는 느낌이 뭔가요? 먹는 거 가지고 건드리면 안 돼요. 먹는 거, 자는 거 가지고 건드리면 안 된다고요. 의식주와 질병과 관련된 것은 공적으로, 그러니까 사랑의 원리로 유지되어야 합니다. 여러분이 아플 때 어머니가 '이건 내가 번 돈이야. 너는 돈 없니? 돈 주면 내가 약을 사 올게' 이러세요? 하나의 사회고 하나의 공동체이기 때문에 영리와 사적 소유의 영역으로 넘어가면 안 되는 것들이 있는 겁니다. 이 공동체의 영역을 어떻게 확보할까가 중요한 거죠. 그런데 지금 우리 사회는 이 공동체가 와해됐어요. 무한 경쟁이잖아요. 그래서 아이들이 그렇게 많이 자살을 하는 거예요. 가족이 품어 주지 않기 때문이죠. 공동체의 원리가 와해된 겁니다.

민주주의는 실현된 적이 없다

가라타니 고진이 국가는 수탈과 재분배의 기구라고 했을 때, 수탈이라는 표현을 사용하는 이유는 우리가 원해서 하는 게 아니기 때문이에요. 여러분이 원하든 아니든 간에 군대도 가고 세금도 내죠. 조선시대에 조용조를 내는 거랑 똑같은 거예요. 압도적인 거죠. 이걸 수탈이라 그래요. 국가의 형식을 생각했을 때 지금의 형식은 근본적으로 민주주의의 원칙이 작동되지 않는다는 걸 알아야 합니다. 그래서 사실 조세 저항이 가장 강력한 시민운동이에요. 수탈이 안 되면 분배도 못하고 아무것도 못하거든요. 세금이 없는데 무슨 삽질을 해요? 우리는 커피 한 잔을 마셔도 부가가치세를 냅니다. 우리가 커피를 먹으면 안 되는 거라고요.(웃음) 커피 한 잔, 한 잔이 다 4대강 사업으로 간 거예요. 4대강 사업을 막으려고 했으면 우리가 모두 아무것도 쓰질 말았어야 했다고요. 그냥 아무것도 안 하고 가만히 있는 게 조세 저항이에요. 그런데 우리는 조세 저항 못 하죠? 군대 가기 싫어도 가야 되죠? 조선시대와 지금 우리 사회가 얼마나 차이가 있나요? 이 국가라는 형식에서 무슨 민주주의를 얘기 하나요?

잊지 마세요. 민주주의는 실현된 적이 아직까지 없다는 것을요. 심지어 3대에 걸친 권력 세습을 인정하는 북한마저도 조선'민주주의'인민공화국이라고 부르잖아요. 대한민국도 '민주'공화국이죠? 그런데 대한민국의 모든 권리는 누구로부터 나와요? 여러분들로부터 나오는 거 같아요? 안 나오잖아요. 유신헌법이 왜 나쁜지 아세요? 유신헌법 전문 1조 2항에는 "대한민국의 주권은 국민에게 있고, 국민은 그 대표자나 국민투표에 의하여 주권을 행사한다"라는 구절이 하나 들어 있어요. 대표자에 의해서만 주권을 행사한다는 겁니다. 투표를 하고 나면 4, 5년 동안은 입 닥치고 살라는 거예요. 집회하고 시위하지 말라는 거죠. 너희들의 정치적 의사를 표현하지 말라는 거라고요. 지금 우리 사회는 안 그런 것 같나요? 헌법 전문에는 이제 유신의 잔재가 없어졌지만 우리 현실의 삶은 여전히 유신시대예요. 여러분들 집회나 시위를 해요? 지금 우리 사회에서는 정치적 의사 표현을 하부 법률로 하지 못하게 만들어 놨잖아요. 도로교통법, 시위와 집회에 관한 법률, 국가보안법이 다 뭔데요? 건방지게 법률이 헌법을 장악하는 게 우리나라인데 주권이 여러분들한테 나온다고요?

나의 정치적 권리를 누군가에게 줄 수 있는 걸까?

제가 앞서서 민주주의가 실현된 적이 없다고 했죠. 여전히 우리의 삶은 유신헌법의 시대와 다를 게 없는 겁니다. 제가 제일 싫어하는 사람들이 사회계약론자들이에요. 사회계약론이란 건, 국민들이 대표를 뽑은 다음에 대표한테 자기 정치적 권력을 모조리 다 주는 거죠. 물론 인류가 사회계약을 해 본 적은 한 번도 없어요. 항상 전 이걸 되물어 봅니다. '나의 정치적 권리란 것이 누군가에게 줄 수 있는 것일까?' 정치적 권리와 힘이 있을 때 나는 주인이지만 그걸 누군가한테 줬을 때 나는 주인이 아니게 되는데, 우리의 권리와 권력은 양도할 수 있는 것일까요? 어떻게 생각하세요? 양도할 수 있나요? 양도하면 노예잖아요. 논리적으로 단순한 겁니다. 정치권력이 없으면 노예가 되는 거예요. 데모크라시, 민주주의는 랑시에르^{Jacques Rancière}가 이야기한 것처럼 데모의 정치예요. 죽었다 깨어나도 나의 정치적 권리는 양도할 수 없는 겁니다. 직접적으로 시위를 해야 한다고요. 이게 민주주의의 유일한 작은 불꽃이라고요. 한 번의 선거가 중요한 게 아닙니다. 일단 대통령이 되면 5년간 임기는 보장이 되는 거예요. 전쟁을 일으켜도 돼요. 우리는 5년간 권리와 권력을 이양한 사람들입니다. 다음 대선이 다가오면 또 다른 누군가에게 권리를 양도해야 되는 시스템이고요.

민주주의라는 건 여러분 한 사람 한 사람이 주인이고 존엄성을 갖는 거고, 그 존엄한 권리는 누구한테도 양도하지 못하는 겁니다. 살짝 주지만 바로 회수해야 되는 겁니다. 선거 돌아올 때 기다려서 회수하는 게 아니라 바로 소환하고 바로 회수해야 돼요. 리콜을 할 수 있어야 한다고요. 그런데 리콜을 할 수 있나요? 젠장할, 못 한다고요. 대통령이 취임하면 끝날 때까지 내려 앉히지 못 하잖아요. 끝까지 임기 채우잖아요. 우리는 뭘 했나요? 아니 뭘 할 수 있나요? 우리가 주인일 때는 선거하는 날 하루고, 5년은 노예예요. 이게 무슨 민주주의냐고요. 민주주의에 간접민주주의라는 건 존재하지 않아요. 대표민주주의도 존재하지 않아요. 민주주의는 그냥 직접적인 거예요. 불가능하다고 해도 이게 맞아요. 그게 불가능하다면 민주주의는 불가능한 겁니다. 끝내 영원히 안 올지도 몰라요. 우리의 자존, 인간으로서의 권리, 권한, 존엄성은 누구한테도 양보하지 못합니다. 이 정신이 훼손되면, 사실상 민주주의는 끝장난 거죠. 그래서 우리에게는 직접적으로 정치적 의사표현을 하겠다는 의지가 중요해요. 언론·출판의 자유, 집회·결사의 자유가 중요한 것도 그 때문이고요.

대선 후보는 우리가 만드나요? 그들은 선택지처럼 우리에게 옵니다. 그냥 그중에 하나를 뽑는 거죠. 이게 무슨 민주주의냐고요. 그런데도 투표를 또 해야 되죠. 민주주의가 너무 멀죠? 나의 정치적 권한을 양도하는 순간, 나의 정치적 권한과 함께 의사 결정의 권한도 넘어가는 겁니다. 서양 정치사상에서 사회계약론이 너무 빨리 등장한 게 큰 문제 중 하나예요. 아무도 사회계약을 해 본 적이 없는데 말이죠. 당시에 가진 자들이 만든 체제인 겁니다. 개개인들의 정치적 권리를 한 사람한테 몰아줄 수 있다는 발상이거든요. 첫 단추를 잘못 끼운 거죠. 이 발상이 민주주의를 수백 년은 후퇴시킨 거예요. 앞으로도 오랫동안 이 관념에서 허우적거릴 테고요.

100보 후퇴할까, 50보 후퇴할까

'어디서부터 잘못된 거지?' 랑시에르 같은 정치철학자들의 고민이 바로 이겁니다. 민주주의는 이루어진 현실이 아니라 앞으로 이루어야 할 이상이라고 생각하세요. 누누이 강조했지만 그래도 옳은 건 옳은 거죠. 우리가 당장 실현하지 못한다고 하더라도 이상이 있어야 그 잣대로 현재의 정치가 움직일 수 있는 겁니다. 가령 여러분이 투표를 한다고 했을 때, 사실 이론적으로는 대부분의 후보들이 오십보백보일 겁니다. 똑같다는 거죠. 어차피 거기 나오는 사람들은 다 사회민주주의자고 분배자를 자처하는 사람들이에요. 우리는 분배받는 불쌍한 신세인 거고요. 우리 세금은 우리 돈인데 왜 너희들이 빼앗아서 분배를 하냐고요. 하지만 다 인정해도 개중 나은 사람을 보긴 봐야 됩니다. 이 잣대에서 누가 더 멀리 있는지, 민주주의의 본령을 누가 더 많이 배신했는지는 볼 수 있다는 겁니다. 이 잣대를 기준으로 평가를 하긴 해야 하는 거죠. 가령 여러분이 길을 가다가 우연히 사람을 넘어뜨렸어요. 그런데 이 사람이 다쳐서 소송을 걸겠대요. 그럼 이왕 이렇게 된 거 감옥에 가게 될 것 같으니 죽여 버리자고 하나요? 남을 다치게 한 것은 크게 봐서 같지만 상해죄랑 살인죄는 다르죠. 이론상 차이가 없다고 하더라도 삶에서 50보와 100보는 다릅니다.

    중요한 건 정확한 기준을 가지고 있어야 한다는 거죠. 가령 대통령이나 국회의원을 뽑을 때, 그냥 누구는 좋고 누구는 싫다, 소녀시대가 좋냐 2NE1이 좋냐가 아니라 민주주의의 본령과 원칙을 정확히 알고 그 기준을 통해 투표를 해야 한다는 겁니다. 이 기준을 두고 누가 50보를 갔고 누가 100보를 갔는지를 보자는 거예요. 여하튼 그 인간들이 세금을 모아서 펑펑 쓰고 재분배를 하는 그 조건들이 우리한테는 너무 소중하니까요. 민주정부 10년 동안 초등학교 선생님들은 편했어요. 행정업무를 보던 선생님들이 따로 있었거든요. 그 시간을 빼 주니까 아이들을 사랑해 줄 시간이 충분했는데 정권이 바뀌면서 다 없어졌어요. 이제 초등학교 선생님들이 업무 시간의 90퍼센트를 서류 정리하는 데 쓰고 있어요. 우리의 삶은 이렇게 달라지는 겁니다. 물론 아직 민주주의는 오지 않았다고 볼 수 있어요. 그렇지만 민주주의 이념에 따라 100보 말고 50보 비겁한 사람을 뽑는 게 우리 기준의 토대죠. 그렇다면 100보가 아니라 50보 후퇴한 곳에서 출발해서 민주화를 하는 게 맞는 것 아닐까요?

대한민국 헌법은 대한민국의 모든 권력은 국민으로부터 나온다고 하죠? 그리고 그게 맞죠. 대통령이나 국회의원에게서 나오는 게 아니라고요. 하지만 실제의 삶은 어떤가요? 국민이 전쟁을 원하지 않아도 대통령이나 국회의원, 즉 대표자에게는 교전을 할 수 있는 권리가 주어져 있어요. 중요한 것은 우리 국민 모두가 전쟁을 원하지 않더라도, 대표자들은 전쟁을 결정할 수 있다는 겁니다. 물론 어떤 인간은 대통령이 되어서 전쟁을 하려 할 거고, 어떤 인간은 끝내 안 하려고 할 겁니다. 50보와 100보의 차이는 있는 것이죠. 가령 투표를 할 때 주변 사람들이 후보들이 다 똑같으니 아무나 찍겠다고 하면 여러분이 얘기를 해 주세요. 우리 삶에서 50보와 100보는 다르다고요. 우리 삶을 100보 후퇴한 곳에서 출발할 것인지, 50보 후퇴한 곳에서 출발할 것인지 선택을 하는 거라고요. 나머지 50보와 100보를 채우는 게 우리 몫인데 어떻게 아무나 찍느냐고 얘기해 주세요.

하지만 여러분이 잊지 말아야 할 건, 상대적으로 진보적 후보가 선거에서 승리하더라도 민주주의가 승리한 건 아니라는 겁니다. 그리고 민주주의에서 100보 먼 사람이 됐다고 절망할 것도 없어요. 뭐 어때요? 거기서부터 걸어가 보는 거죠. 여전히 민주주의의 관건은 여러분이에요. 나의 정치적 권리, 우리 공동체의 미래에 대해서 발언할 수 있는 권리는 누구에게도 양도하지 않겠다는 것이 중요한 겁니다. 항상 구시렁거리고 투덜댄다는 자세가 없으면 민주주의라는 게 무슨 의미가 있어요?

민주적인 지도자?

역사상 완전한 민주적 지도자는 존재하지 않습니다. 처음부터 모순이잖아요. 민주주의 사회에 어떻게 지도자가 있어요. 민주주의는 개개인들이 주인이라고요. 지도자가 아닌 심부름꾼이 있는 게 민주주의 사회겠죠. 제가 진짜 생각하고 있는 걸 조금 얘기해도 될까요? 저는 대통령을 추첨으로 뽑았으면 좋겠어요. 통장 아줌마, 아저씨 뽑듯이 말예요. 권한은 거의 안 주고 심부름 시키는 사람들 있죠? 통장님한테 전화 걸어서 우리 동네 청소가 잘 안 되어 있다고 불평하고 그러잖아요. 귀찮으니까 아무도 안 하려는 직책 같은 거 말예요. 권한은 없고 의무만 있죠. 물론 아주 명예로운 의무이지요. 이게 지도자예요? 지도자 아니잖아요. 학창 시절에 반장 뽑아 봤죠? 반장이 무슨 권한이 있어요? 심부름하고 일찍 와서 교탁이나 정리하는 게 반장이잖아요. 이게 직접민주주의에 맞는 거 아니에요? 지도자는 아닌 거죠. '민주적인 지도자'라는 말은 형용모순이에요. 민주주의에 어떻게 지도자가 있어요?

민주주의 사회에 모세 같은 사람이 어떻게 나타나느냐고요. 모세를 기다리지 마세요. 여러분 감당하실 수 있겠어요? 정치적 주인됨을. 그걸 감당을 다들 안 하니까 오만 굴욕에도 '꽥' 하고 소리도 한 번 못 지르는 겁니다. 쪽팔리지 않아요? 민주주의 사회라면서요. 요새 선거할 때 보면 선거 벽보가 멀쩡해요. 예전에는 맘에 안 드는 후보자 사진에 담배빵이라도 했던 것 같은데 말예요. 깨알 같은 저항이라고나 할까요?(웃음) 요새 사람들이 너무 착해요. 깨알 같은 저항이라도 해야 깨알들이 모일 수 있는 것 아닐까요? '나도 저 후보가 싫은데, 다른 사람도 싫어하는구나.' 뭐 이런 정치적 유대감도 생길 수 있을 테니까요. 요새 선거 벽보는 거의 기독교인들의 십자가, 불교도들의 불상처럼 신성시되고 있어요. 그렇게 우리는 위축되어 있고, 쫄아 있는 겁니다. 이런 상태에서 어떻게 민주주의가 가능해요? 힘든 일이죠.

딱 한 걸음이 진보다

자, 다시 한 번 정치와 민주주의를 크게 정리해 보죠. 일단 국가라는 형식은 민주주의에 반하는 것이고, 국가는 수탈과 재분배의 기구예요. 국가가 민주주의에 반한다는 건 수탈이 강제로 이루어지기 때문이고, 국가라는 형식이 존재하는 한 민주주의의 실현은 먼일일 수밖에 없는 거예요. 그래서 정치적으로 진보적인 정치철학자들은 최종적 민주주의는 국가의 철폐로 가능하다고 이야기하는 거고요. 이런 엄격한 잣대에서 민주주의는 아직 실현된 적이 없죠. 단, 독재에서부터 조금씩 나아지고는 있는 겁니다. 그리고 계속 꿋꿋하게 가야죠. 옳은 건 옳은 것이니까요. 그러니 특히나 대표자를 뽑을 때 어떤 후보가 당선된다고 해서 민주주의가 실현되었다는 생각은 하지 마시라는 걸 부탁드리고 싶어요. 여러분들이 누군가를 지지하고 투표를 한다면 이걸 아셨으면 좋겠어요. 내가 뽑는 그 사람의 비겁함을 내가 감당해야 된다는 사실을요. 그리고 그 사람에게 끈덕진 스토커처럼 계속 감시와 압박을 가해야 합니다. 이것이 바로 투표 이후 우리가 민주주의에 대해 반드시 해야 할 A/S입니다.

민주주의는 여러분의 언론·출판의 자유, 집회·결사의 자유, 사상의 자유가 당당하게 표현될 때, 그래서 권력이 여러분에게 쏠 때, 그럴 때 간신히 가능합니다. 민주주의에 가까운, 덜 후퇴한 공동체를 남기자고요. 우리의 자랑은 뭔가요? 가진 게 없다는 게 자랑이죠. 이건 굉장히 매력적인 겁니다. 지킬 게 없다는 거잖아요. 우리는 보수적이지 않아요. 뭔가 지킬 게 있어야 보수적인 거니까요. 우린 바닥이잖아요. 우리 같은 사람들이 꿈꿀 수 있어요. 가난하다는 것, 궁핍하다는 것을 아니까요. 우리는 딱 한 걸음만 더 민주주의에 가깝게 사회를 만들고, 그걸 다음 세대에게 넘기면 돼요. 그럼 우린 어른으로서의 역할은 다 한 겁니다.

발터 벤야민Walter Benjamin의 이야기를 마지막으로 드릴게요. 발터 벤야민은 《아케이드 프로젝트》에서 이렇게 얘기했어요. "항상 그때 그때의 1보만이 진보이며 2보도, 3보도, N+1보도 결코 진보가 아니다." 2보도, 3보도, N+1보도 진보는 아니라는 말을 기억하세요. 진보의 길을 걸으세요. 머릿속에 유토

피아 민주주의를 꿈꾸지 마시고요. 그 한 걸음이 50보에서 49보가 되면 좋겠고, 그 한 걸음이 48보가 되게 하자고요. 여러분, 한 걸음만 걷고 죽으세요. 뒤에 있는 사람은 거기서부터 출발할 테니까요. 정치적으로 시니컬한 사람들, 주변에 많죠. 너무 아는 게 많은 사람들이죠. 마르크스도 읽고, 랑시에르도 읽고, 들뢰즈Gilles Deleuze도 읽어서 아는 게 너무 많은 거예요. 그래서 선거 후보들은 어차피 똑같은 놈들인데 투표를 왜 하냐는 사람들이 있어요. 하지만 머릿속과는 달리, 현실의 삶의 영역에서는 이 50보 100보가 굉장히 중요합니다. 앞에서 이야기했죠? 상해죄와 살인죄는 다르잖아요. 누굴 다치게 하면 다시 살아날 수 있고 건강해질 수 있지만 누굴 죽인다면 돌아올 수 없는 겁니다. 타인을 다치게 하는 건 마찬가지지만 아주 다른 겁니다.

좋은 군주, 나쁜 군주는 따로 없다

정치의 영역도 포함을 해서, 무리에서 이끄는 자와 따르는 자가 각각 어떤 생각이 있어야 할까요?

예전에 왕이나 군주가 너무 지랄같이 굴면 봉기가 일어났죠? 따랐던 사람이 자꾸 지옥으로만 가니까 도저히 못 참고 일어나는 거죠. 그런데 이 사람들이 왕을 죽이는 데는 성공하는데, 그 다음이 가관이에요. 새로운 왕을 만들어요. 따르기 시작했기 때문에 이 사람들이 갖고 있는 선택권은 나를 잘 끌고 갈 사람들을 선택하는 것 밖에는 없어요. 내가 내 삶을 끌고 간다는 생각에 이르지는 않은 겁니다. 유럽 국가 중에서 가장 민주적인 국가가 프랑스죠. 프랑스 사회는 왜 민주적일까요? 왕을 죽였거든요. 왕을 죽인 국민한테는 축복이 있어요. 왕을 죽였으니 내가 왕이 되어야 하는 거예요. 이게 프랑스 전통이에요. 우리의 가장 큰 슬픔은 고종을 못 죽인 데 있어요. 우리가 죽였어야 했는데, 일본이 해결을 한 거죠. 그러면 총독이라도 죽였어야 했는데 그것도 못 했죠. 그 다음에 보니 이승만이나 박정희와 같은 독재자도 죽이지 못했어요. 한 사람은 죽이기 전에 하와이로 도망가서 죽었고, 한 사람은 죽이기 전에 측근에게 먼저 살해당했으니까요. 단 한 번도 독재자를 죽인 경험이 없는 겁니다. 한 명만 죽이면 되거든요, 딱 한 명만. 그 다음부터는 웬만하면 대통령 안 하려고 할 걸요? 잘못하면 훅 가는데 누가 하려고 하겠어요.(웃음)

저는 이렇게 대답을 드리고 싶어요. 이끄는 자와 따르는 자가 어떤 생각을 해야 하는지를 고민한다는 것은 국민, 신하, 부하로서의 생각인 거예요. 우리는 순진하게 리더 한 명이 있고, 그 리더가 좋으면 잘 따라가고, 그러면 조직이 잘 돌아간다고 생각하죠? 이끄는 사람이 따르는 사람을 위해 주고, 따르는 사람이 리더를 믿는 기묘한 그림을 머릿속에서 완전히 지워야 해요. 민주주의 국가니까 우리에게 주인의 권리가 있다는 사실을 절대 양보하지 말아야 되는 거라고요. 누군가가 앞에서 여러분을 이끌려고 하면 어떻게 해야 되는 거죠? 모세가 우리 앞에 와서 '저기가 가나안이다!'라고 하면 어떻게 해야 되죠? '너나 가라, 가나안!'(웃음) 이게 민주주의니까요. 나쁜 군주와 비교해서 좋은 군주를 찾지 마세요. 군주라는 형식 그 자체가 문제인 거라고요. 지금은 간신히 군주라는 형식이 없어졌죠? 그런데 우리에게는 군주가 화장만 고친 채 여전히 있다고요. 대통령이라는 형식은 그렇게 탄생한 겁니다. 5년간 무소불위의 권력을 행사하는 사람이죠. 우리는 프랑스 국민들을 부러 위해야 해요. 프랑스에서 민주주의나 정치철학이 발달한 이유는 딱 하나입니다. 왕을 죽인 뒷감당을 어떻게 해야 할 것인지를 고민해야 했거든요.

우리 안의 노예근성을 버려야 됩니다. 나는 계속 누군가를 따라왔으니 좋은 사람 모셔다가 또 따르겠다는 생각 좀 하지 마세요. 이래서야 어떻게 민주주의가 가능하겠어요? 꿈이라도 꿀 수 있겠어요? 《자본론》에서 마르크스도 말하잖아요. "어떤 인간이 왕이라는 것은 다만 다른 인간이 신하로서 그를 상대해 주기 때문이다. 심지어 그들은 그가 왕이기 때문에 자기들이 신하가 아니면 안 된다고까지 믿고 있다." 완전한 심리적 전도이자 착각이지요. 임제臨濟라는 스님이 있어요. 이 스님이 남긴 "부처를 만나면 부처를 죽이고, 조사를 만나면 조사를 죽여라"라는 유명한 이야기가 있죠. 부처를 만나면 부처를 죽이고, 부모를 만나면 부모를 죽여야 자유인이 된다는 거죠. 멘토를 만나면 멘토를 죽여야 돼요. 멘토는 무슨 멘토예요? 자신이 어리석고 멍청하다고 생각하니, 자꾸 멘토를 찾아서 지침을 들으려고 해요. 하지만 멘토의 지침을 계속 찾으면 우리는 계속 멍청해지는 거예요. 스스로 당당한 주체가 되기를 비겁하게 회피하는 순간, 우리는 점점 더 우유부단한 사람으로 전락하는 거라고요.

성경을 보면 가장 완벽한 좋은 군주의 이미지를 예수가

보여 줍니다. 양 한 마리가 나가면 예수는 그 한 마리를 쫓아 갑니다. 아마 예수는 양이 100마리 있으면 그 100마리마다 다 그러실 거예요. 너무 좋은 지도자 아닌가요? 그런데 제가 밖으로 나온 그 한 마리 양이에요. 그런데 예수가 저한테 와서 늑대가 있으니 여기 있으면 안 된대요. 그럴 때 저는 이렇게 얘기해요. '자꾸 왜 그러세요? 난 내 갈 길 가는 건데요?' 여러분 이렇게 할 수 있나요? '왜 나를 아껴 줘요? 제발 신경 끄세요!' 이렇게 이야기 할 수 있나요? 여러분이 이렇게 이야기할 때 민주주의가 오는 겁니다. 아니면 쿨하게 예수에게 같이 가자고 하든지요. 그런데 우리는 '여기가 어딘지 저도 두려웠어요' 이러면서 또 우리 안으로 들어가죠. 좋은 군주, 나쁜 군주를 가르는 건 착각입니다. 중요한 건 군주라는 형식 그 자체니까요. 이 형식을 어떻게 없앨지, 과연 이 형식은 없어진 것인지 이걸 고민해 보시길 바랍니다.

진보의 제스처를 걷어치워라

얼마 전 《킹메이커》라는 책에서 "진보주의자들이 오른쪽으로 가기를 원하면 그들은 보수주의자가 되지만 보

> 수주의자들은 왼쪽으로 이동하지 않는다"라는 구절을 보았습니다. 제가 보기에도 실제로 이런 정치인들이 많은 것 같고요. 도무지 저는 이해가 안 갑니다. 그동안 그들이 살아온 세월을 생각하면 그래서는 안 되는 거 아닌가요? 나이가 들어서 총기가 흐려지는 걸까요?

변희재 씨 이야기를 해 드리고 싶네요. 변희재 씨가 처음 언론계에 등장한 게 〈조선일보〉를 통해서였어요. 그 전에 변희재 씨는 진보적인 인물이었죠. 변희재 씨가 대학 다닐 때는 나름 예리한 좌파적이고 진보적인 글을 썼던 사람이에요. 그런데 이 사람이 경향신문사에 원고 한 덩어리를 가지고 갔어요. 칼럼 연재를 하고 싶다는 거죠. 당시 편집국장이나 기자들이 변희재 씨 눈만 봤답니다. 기자들이 촉이 있거든요. 그런데 눈이 불안하게 떨리더랍니다. 상태가 안 좋다는 거죠.(웃음) 그 다음에 변희재 씨가 〈조선일보〉에 글을 쓰기 시작한 겁니다. 이 이야기를 드리는 건, 진보와 보수라는 걸 유명세나 권력을 얻기 위해서 입는 옷으로 여기는 사람이 더 많다는 거예요. 아마추어처럼 생각하지 마세요, 절대. 무슨 소린지 알죠? 변희재 씨가 좋아했던 건, 유명해지는 거였어요. 아주 단순한 겁니다. 사람들이 나를 몰라줄 때, 허영이 나옵니다. 유명해지고 싶기 때문에 무리수를 두는 겁니다. 이해가 되시나요? 그러니 진보주의자들이 오른쪽으로 간다는 건 우리가 고마워할 일이죠. 드디어 화장을 지우고 맨얼굴로 우리한테 온 거니까요.

김지하 씨한테 저는 너무 고마워요. 드디어 완전히 커밍아웃을 하신 거예요. 저는 '강기훈 유서대필 사건' 당시부터 김지하 씨를 저주하기 시작했어요. 강기훈 유서대필 사건이 뭔지 아세요? 1991년에 김기설이라는 대학생이 정치적 분신을 합니다. 그런데 친구였던 강기훈 씨가 김기설 씨가 남긴 유서를 대필로 쓰고 분신을 방관했다는 누명을 뒤집어쓰게 된 거죠. 가장 약한 사람이 자신의 정치적 의견을 가장 순수하게 표현하는 게 자살하면서 쓰는 유서입니다. 그건 힘이에요. 1980년대까지만 해도 누군가가 절절하게 무언가를 외치고 죽으면 사람들이 모였어요. 그런데 그때 김지하가 〈조선일보〉에 글을 썼어요. "죽음의 굿판을 당장 걷어치워라"라고요. '레드컴플렉스'로 유명한 서강대 총장 박홍은 청년들의 분신에 사주하는 세력이 있다고 떠들었죠. 검찰이 가만히 있을 리 없지요? 유서를 대필한 거라고 조작하는 겁니다. 그 다음부터 가난하고 약한 사람들이 목숨을 걸면서 이야기한 정치적 의견들은 사주받은 정치적 꼼수일 수 있다는 주장이 나오기 시작합니다. 그 역할을 한 게 김지하 씨예요. 김지하 씨는 로터스 상을 수상했던 시인이에요. 인권 시인이라고요.

1970년대에 유신 독재를 반대하면서 부르주아 운동을 했던 사람들이 왜 유신에 반대했는지 고민을 하셔야 됩니다. 왕만 권력을 소유하는 것이 아니라 능력이 있으면 누구나 소유하자는 것, 이것이 부르주아적 발상이지요. 이건 경제적인 것과 같이 갑니다. 왕의 소유를 부정하고 누구나 소유할 수 있다는 사적 소유의 발상과 같은 거니까요. 그러니까 박정희 독재는 당시 부르주아 계층들, 경제적으로 중산층 이상, 교육 수준으로는 대학 졸업자 이상에게는 자신에게 정치적·경제적 기회를 박탈한 왕정에 지나지 않았던 겁니다. 한마디로 말해 자기는 대학에서 배울 만큼 배웠고 좋은 대학 나왔는데 이 사회에는 자기 자리가 없다는 거예요. 군바리들이 요직은 다 차지하고 있었으니까요. 자신들의 권력욕을 실현하기 위해서는 군바리 독재가 다 없어져야 되는 거죠. 잊지 마세요. 그 사람들은 전태일을 위해서 일어난 사람들이 아니에요. 자신의 권력욕을 위해 민중을 팔아먹고 온 거예요.

지금 새누리당과 민주당 사이에 무슨 차이가 있을까요? 둘 다 부르주아 정권이에요. 새누리당은 거기에 더해 야만적인 정권인 거고요. 저는 한국 정치가 발전하려면 새누리당과 민주당이 통합해야 한다고 생각해요. 어차피 계급성이 둘 다 똑같거든요. 한국 정치사의 가장 큰 문제는 민주당이 진보적 정치 세력이 앉아야 할 자리에 뭉개고 있으면서, 진보 세력이

성장하는 것을 막고 있다는 겁니다. 그러니 새누리당과 민주당이 통합해야 한다는 겁니다. 그때서야 정말 진보적인 정치 세력이 등장할 수 있을 테니까요. 어쨌든 우리가 상처를 받더라도 알아야 됩니다. 진보의 옷을 입고서 유명해진 사람은 약자에 대한 애정이라기보다는 그 애정을 빙자로 자기가 유명해지고 싶은 거라고요. 정말 진보적인 사람은 우측으로 가지 않아요. 진보의 제스처를 취했던 사람이 우측으로 가는 건, 화장을 지우는 거죠. 그런데 이거 고마운 일이에요. 몰랐으면 김지하 시인 죽고 나서 묘지에 갈 뻔했던 거죠. 이제 안 가도 되잖아요? 돈도 아끼고 얼마나 좋아요?(웃음)

볶음밥을 먹을 권리

정치의 목적은 모든 사람이 다 같이 잘 살기 위한 것이라고 생각합니다. 사람이 너무 많아서 잘 사는 것이 힘든 게 아닐까요? 사람이 너무 많아져서 직접민주주의도 불가능하고, 집단 이기주의가 생겨나고, 무관심이 일상이 되어 버린 것 같아요. 게다가 많아진 사람들은 자연에까지 피해를 주고 파괴하고 있고요. 그렇지만 사람 한 명 한 명이 모두 소중하고 대단한 존재라고 생각합니다. 이 많은 사람들이 다 같이 평화를 유지하면서 행복하게 살아가는 게 가능한 일일까요?

시골에서는 살인 사건이 일어나지 않아요. 도시에서만 일어나요. 도시에는 사람이 많아서 그렇죠. 여러분 사람이 무섭지 않나요? 시골에서는 제일 반가운 게 사람인데, 도시에서는 제일 무서운 게 사람이에요. 만나는 사람들이 엄청 많은데, 그 한 명 한 명이 정신이상자인지, 살인자인지, 도둑놈인지 구별할 수 없다는 겁니다. 그러니 일단 방어막을 치고 만나는 거지요. 그래서 대도시에서 타인은 잠재적으로 나를 해칠 수도 있는 사람으로 느껴집니다. 그래서 대도시에 사는 사람들은 서로에 대해 냉담한 겁니다. 추리소설이 대도시에서 발달하는 것도 다 이유가 있었던 셈이죠. 시골에서 무슨 추리소설이 나오겠어요? 시골에 살인 사건이 일어나면 범인이 누군지 이미 다 아는데요. 살인 사건이 일어난 뒤 마을에서 갑돌이가 사라져요. 바로 그 갑돌이가 범인인 거죠.

제가 책을 하나 알려드릴게요. 《국가에 대항하는 사회》라는 책이 있습니다. 피에르 클라스트르Pierre Clastres라는 정치인류학자가 쓴 책이에요. 너무 소중한 인류학자죠. 이 책은 클라스트르가 남아메리카에 가서 인디언을 연구한 내용을 담고 있어요. 인디언들의 목적은 바로 국가에 대항하는 사회를 만드는 겁니다. 인디언들은 모든 사람이 자유인이라는 기본 전제를 갖고 있어요. 상대가 강하다고 해서 복종하지 않고 약하다고 해서 밟지 않아요. 자유인의 덕목이죠. 그래서 인디언 마을에서는 아이를 때리지 않아요. 약자니까요. 추장도 명령할 수 없어요. 그걸 연구한 겁니다. 남아메리카 지역에서는 국가가 생길 때마다 저항을 했죠. 문제는 남아메리카에도 잉카나 아즈텍처럼 피로 범벅이 된 잔혹한 국가 형식이 있었다는 거죠. 클라스트르는 어째서 동일한 지역 조건에서 한편으로는 개인들의 자유로운 공동체를 유지하고, 다른 한편으로는 거대한 피의 제국이 만들어진 것인지 궁금했던 겁니다. 그런데 이 사람이 이 연구를 해야 하는데 프랑스에 놀러갔을 때 오토바이 사고로 죽어 버렸어요. 다행스럽게도 그는 흥미로운 가설 하나를 우리에게 던집니다. '인구가 많아지면 피의 제국이 생기는 것 아닐까?'라는 가설이에요.

여러분들 중에 위대한 학자가 되고 싶으신 분 있으시죠? 남아메리카에 가서 클라스트르의 그 숙제를 이어서 푸시면 국가를 해체할 수 있는 실마리를 얻을 수 있어요. '언제 국가는 탄생해서 수탈과 재분배의 관계가 생길까?' 잘 보세요. 인류 초기에 누군가를 지배하는 모습에서 보면, 어떤 한 부족이 어딘가를 습격하러 가요. 약탈 경제죠. 빼앗아요. 그런데 이게 불안하단 말이에요. '지금 또 식량 떨어졌다. 공격하자!' 하고 사막을 건너서 1년 뒤에 갔더니 아무도 없을 수 있거든요. 부족이 딴 데로 가 버린 거예요. 그러니 약탈 경제는 위험천만한 거죠. 그래서 지배를 하자는 생각이 나타난 거예요. 피지배 부족을 소처럼 부리자는 거죠. 이러면서 국가가 탄생했다는 게 보통 학자들의 주장이에요. 그래서 국가의 초기 형태는 항상 그런 식이에요. 지배 부족이 상류층을 구성하죠. 대표적인 게 신라와 가야입니다. 가야가 신라의 밑에 있는 거죠. 그런 구조가 되는 거예요. 계속 부려먹기 위해서 밑에 있는 이들을 도망 못 가게 붙잡아 놓는 거죠. '수탈-재분배'의 방식으로 가려면 국가가 만들어진다는 주장이거든요. 이것도 음미를 해 봐야 돼요.

　질문하신 것처럼 사람들이 많은 게 문제가 된다는 건 맞는 것 같아요. 사람들이 많으면 직접민주주의는 상당히 실천하기 어렵게 됩니다. 잘 들어 보세요. 여러분이 혼자 있을 때 아이큐가 130이라고 하면 아이큐 130을 유지해요. 두 명이 되면 120으로 낮아져야 돼요. 다섯 명이 회의를 하면 80으로 떨어져요. 130의 수준을 주장하면 여기에서 왕따를 당합니다. 백 명이 모이면 70으로 떨어져야지 그나마 의사소통이 가능하죠. 붉은 악마 정도 되려면 5정도 돼야 돼요. 2002년 월드컵 때 나

카타 선수가 축구를 잘해서 "잘한다!"라고 했다가 전 죽을 뻔 했어요. '민족' 개념이 되면 아이큐가 1이에요. 아무 생각 없어요. 그냥 '우리 민족? 일본 놈?' 이렇게 돼요. 사람 수가 많으면 아이큐가 현저히 낮아져요. 경험 안 해 보셨어요? 백 명이 모여서 회의해 보세요. 단순해야 돼요. 그때는 거의 아이 수준으로 얘기해야 돼요. '밥 먹을래요?' 이런 얘기만 해야 돼요. 두 명이 있으면 영혼의 대화를 할 수 있어요. '요새 내 마음이 너무 우울해', 이런 얘기가 가능하죠. 백 명이 모였을 때 그런 얘기를 하면 그냥 개무시 당해요. 한 개인의 독자성 같은 것들은 사람 수가 많아질수록 희생됩니다. 그래야 그 집단이 유지가 되거든요. 혼자서는 울 수 있는데 가족들이 모이면 울기도 힘들잖아요. 처음에는 왜 자꾸 우냐면서 달래는 것 같다가, 눈물을 거뒀더니 자기네들끼리 노는 거 있잖아요. 그런 문제거든요.

'다섯 명이 모여도 우리 각자 각자의 감수성을 유지하는 게 가능할까?' 이 문제를 깊게 고민하셔야 합니다. 회의를 하는데 백 명이 다 발언을 하면 그날 회의가 끝날까요? 힘들다고요. 이 문제를 풀어내시면 돼요. 방법의 문제인 것 같아요. 제가 《철학이 필요한 시간》에 직접민주주의에 대해 썼어요. 그 책에 썼던 비유를 들면 좀 이해가 될 거 같아요. 여섯 명 정도 모여서 중국 요리 시켜 먹었던 적 있죠? 그런데 짜장면 먹고

나머지가 다 짜장면을 먹어도 볶음밥을 먹고 싶은 사람의 권리를
없애지 맙시다. 그게 민주주의니까요. 죽이고 싶을 수도 있을 거예요.
그 한 명만 없으면 깔끔하니까요. 이걸 어떻게 견딜 것인지
여러분들이 고민을 많이 해 봐야 되겠죠.

싶은 사람이 셋, 짬뽕이 둘, 볶음밥이 한 명이에요. 직접민주주의는 뭐냐면 그냥 시키는 거예요. 짜장면 셋, 짬뽕 둘, 볶음밥 하나, 이렇게요. 대의민주주의는 뭐예요? 일단은 볶음밥을 제거해야 돼요. 그러고 나서 투표를 하게 되면 과반수가 되죠. 과반수가 되면 다 짜장면을 먹는 거예요. 독재라는 건 볶음밥을 먹겠다는 사람이 선배라서 다 볶음밥을 먹는 겁니다. 이해가 되시죠? 그런데 그렇게 해 봤자 좋은 건 중국집 주인이죠. 그냥 다 시키는 게 직접민주주의이자, 진정한 민주주의죠.

앞서도 말씀을 드렸지만, 민주주의는 직접적이거든요. 시간이 좀 걸리죠. 음식이 늦게 와요. 견딜 수 있겠어요? 이 견딤이 직접민주주의의 미덕인 거예요. 느려요. 제일 효과적인 건 뭔가요? 선배가 볶음밥이라고 하면 그걸로 주문 끝! 깔끔하잖아요. 그리고 기꺼이 먹는 거예요. 그리고 먹다 보니 볶음밥이 또 맛있게 느껴져요. 박정희가 이 선배와 비슷한 역할을 한 거죠. 먹어 보니 볶음밥이 맛있다는 거예요. 박정희가 볶음밥을 좋아했을 뿐인데 먹다 보니 우리도 볶음밥이 좋아져 버린 겁니다. 박정희를 좋아하는 사람들이 있죠? 볶음밥이 맛있었다고요. 자기가 짬뽕 먹고 싶었던 걸 까먹은 거예요.

그래서 지금 없는 시스템을 생각할 때 자꾸 모델링을 해야 됩니다. 공동체를 고민하고 있으니까 작게 네다섯 명 정도의 인구를 구성해서 다양한 공동체의 가짓수들을 생각해 시뮬레이션을 해 보세요. 충분히 가능해요. 시뮬레이션을 할 때 몇 가지 덕목들은 필요합니다. 개인을 인정하실 거죠? 배려가 별 거 아니잖아요. 먹고 싶은 걸 먹게 해 주는 거예요. 하실 수 있 겠죠? 중국집에서 음식 시키는 걸로 민주주의가 뭔지를 고민 하다 보면 어떤 덕목이 필요한지 아실 수 있을 거예요.

인간은 역사적 존재잖아요. 우리 후손들에게 어떤 교육을 시켜야 될지가 나오면 민주적 품성에 맞게 사람들을 가르칠 수 있겠죠. 지금은 '네가 힘이 세면, 네가 1등이면 모조리 네가 원하는 대로 할 수 있다'고 가르치잖아요. 사실 지금 아이들을 키우는 방식은 독재 시스템을 가르치는 거예요. 나머지가 다 짜장면을 먹어도 볶음밥을 먹고 싶은 사람의 권리를 없애지 맙시다. 그게 민주주의니까요. 죽이고 싶을 수도 있을 거예요. 그 한 명만 없으면 깔끔하니까요. 이걸 어떻게 견딜 것인지 여러분들이 고민을 많이 해 봐야 되겠죠.

보수는 자신을 사랑하고, 진보는 타인을 사랑한다

젊은 시절 운동권이었다가 40대가 되어 변절하고 기득권 세력에 편입하는 정치인들의 메커니즘은 대체 무엇

> 일까요? 진보라 자처하는 사람들 가운데 진보 세력 내
> 에서 기득권이 되면 그 이후에 그들이 비판하는 기득권
> 세력과 행동양식이 비슷해지는 이유가 뭔가요?

이성복 시인의 산문집 《네 고통은 나뭇잎 하나 푸르게 하지 못한다》에 이런 문구가 나와요. "사랑의 방법 때문에 얼마나 많은 사람들이 희생되었는가. 방법을 가진 사랑은 사랑이 아니다." 방법을 가진 사랑은 사랑이 아니라는 겁니다. 사랑을 하면 방법을 찾아요. 아버지가 생전에 냉면을 좋아하셨다면, 홍동백서라는 제사법은 무시하고 제사상에 냉면을 올리는 거죠. 아버지가 생전에 좋아하신 음식이 아니라 홍동백서의 제사 의례를 지켜 제사상을 차리는 게 보수입니다. 진정한 보수는 자신의 신념과 가치와 방법을 지켜요. 내 앞에 있는 이웃을 보지 않고 마르크시즘만 신봉을 한다면 보수인 거죠. 진보는 이웃을 사랑하고, 그들을 사랑하는 가장 좋은 방법을 모색하기 때문에 혁명적인 겁니다. 그러니까 법이 바뀔 수도 있는 거예요.

그런데 가끔 진보를 자처하는 인물들 중에 이웃이 아니라 자기를 사랑하는 모습이 얼핏 비치는 사람들이 있어요. 이 사람이 진짜 진보적인지 아닌지 그때 여러분이 알 수 있어요.

'아, 저 인간은 높은 자리에 올라 관심받고 싶은 게 목적이구나'라는 걸 알 수 있죠. 진보의 슬로건은 여섯 글자예요. '사랑 때문이다.' 이웃, 가난한 자, 우리 후손에 대한 사랑이 없다면 여러분들은 진보가 아니에요. 그냥 여러분들이 읽었던 책, 여러분이 좋아하는 사람의 가치와 신념을 따르는 거죠. 그게 보수예요. 그렇게 되면 내가 좋아해서 따랐던 사람이 공격을 받게 될 때, 여러분은 왜 그 사람이 공격을 받는지를 보는 게 아니라 그냥 그 사람을 지키게 되고, 여러분 스스로 왕따가 되는 겁니다. 여기 오신 몇몇 분들, 반성하셔야 돼요.

방법을 가진 사랑은 사랑이 아니에요. 왜 혁명을 일으키고 변화를 꿈꿀까요? 나랑 같이 살아가는 사람이 힘드니까, 앞으로 태어날 후손들이 이 사회구조에서는 살기가 힘드니까요. 최초로 홍동백서로 제사상을 차린 사람은 단언컨대 그 사람 아버지가 홍동백서의 차림, 그 제사상을 좋아했을 겁니다. 그 사람은 훌륭한 사람이죠. 옆집 사람, 그 인간이 죽일 놈이죠. 그 옆집 사람은 그 홍동백서가 멋있어 보이는 거죠. 자기 아버지가 뭐 좋아하는지를 모르는 거죠. 사랑은 보지 않고 방법만 고수하는 거예요. 근사하게 챙겨서 버젓하게 제사를 지낸 효자라는 소리를 듣기 좋아하는 거예요.

여러분이 부모님께 잘해 드릴 때 있죠? 여러 사람에게 보이게 선물 사 드리고 나는 효자라고 뿌듯해 하는 거요. 어머니가 진짜 좋아했던 걸 해 드린 적 있어요? 거꾸로 부모님도 마찬가지죠. 자식이 서울대를 가면 서울대를 보낸 부모라는 자신의 모습을 좋아하는 분들도 있어요. 자식을 사랑한다고 볼 수 없죠. 관념과 방법을 고수하는 보수적인 사람은 자기 사랑에 빠져 있는 거예요. 불변의 진리죠. 마르크스가 뿔났다고 《자본론》을 써요? 그 사람은 부유했는데? 노동자들을 보고 아팠던 겁니다. 마르크스가 살아 있을 때는 지금보다 더 노동자들이 힘들었다고요. 소설 《올리버 트위스트》 읽어 봤어요? 다섯 살, 여섯 살짜리 아이들이 공장에서 일하잖아요. 마르크스는 그런 것들을 본 거예요. 이들을 어떻게 구원할까 고민했던 거죠. 그러려면 구조를 바꿔야 되고, 그래서 자본주의가 어떻게 돌아가는지도 알아야 되는 거죠. 《자본론》은 사회를 엑스레이로 찍은 책인 겁니다. 진보라는 건, 마르크스의 얘기를 그대로 따르는 게 아니에요. 마르크스마저도 내가 사랑하는 이웃들에게 장애가 되면 쓰레기통에 버려야 되는 거죠. '이게 사랑이다'라고 방법을 고수할 수 없는 것, 이게 진보인 거죠.

 이제 분명해졌나요? 최종적으로 보수는 자신을 사랑하고, 진보는 타인을 사랑한다고 정리될 수 있습니다. 반드시 이렇게 해야만 타인을 사랑하는 거라고 주장하는 사람이 있을 수 있어요. 그 사람은 눈앞에 보이는 타인들을 보지 않고 자신의 이념만을 고수하고 있는 겁니다. 아무리 진보적이라는 이론을 가지고 있으면 뭐해요? 결국 자신을 사랑하는 것에 지나지 않는 거죠. 이런 경우라면 그 사람은 이념이 아무리 진보적이어도, 그는 보수적인 사람일 수밖에 없어요. 그러니까 '인간이 먼저고 이념은 나중'이라는 사람이 진보라면, '이념이 먼저고 사람은 나중'이라는 사람은 보수라고 할 수 있는 거예요. 그래서 보수적인 사람은 높은 자리에 올라 자신의 이념을 관철하려고 하는 겁니다. 물론 이웃과 후손들을 사랑한다고 이야기는 하겠죠. 단서를 하나 달 거예요. '오직 내 생각만이 사람들을 사랑할 수 있는 유일한 방법이다'라고요. 이런 아집과 독선 때문에 진보 세력 내에도 보수주의자가 생기는 거죠.

그들의 미래에 그들도 참여하기

저는 청소년 심리 상담을 하고 있습니다. 학교에서 상담 관련 교육도 하고 있고요. 곧 성인이 되는 학생들에게 어떻게 하면 정치가 매력적으로 느껴지게끔 만들 수 있을까요?

🍦

제가 생각하는 선거와 투표의 기준은 이래요. 투표를 하러 가서 알아서 집에 돌아올 수 있는 사람한테는 투표권을 다 줘야 돼요. 가령 어떤 할아버지가 투표를 하러 가셨는데 집을 못 찾아오신다면 투표를 하시면 안 된다는 거예요. 이건 위험한 거죠. 당신 집이 어딘지도 모르는데 누구를 뽑아요? 비아냥거리는 게 아니라 이게 자연스러운 겁니다. 제 이야기는 웬만하면 다 투표를 할 수 있다는 거예요. 가령 교육법에는 아이들이 직접 개입을 해야 됩니다. 프랑스에서는 중·고등학교 학생들이 시위를 해요. 자신들과 관련된 걸 어른들이 결정하니까요. 특히 선거는 미래를 결정짓는 중요한 제도잖아요. 당연히 10대, 20대는 자신의 미래를 수수방관해서는 안 되죠. 그러니 '너희들이 뭔데 우리 삶을 결정해?'라고 외치며 거리에 나오는 겁니다. 우리로서는 부러운 일이죠. 이론적으로 가장 이해관계와 기득권에서 멀리 있는 게 아이들입니다. 더 공적일 수 있어요. 그들의 미래니까 그들이 결정할 수 있도록 선거가 가능한 나이를 가능한 많이 낮춰야 된다고 봐요. 기준은 투표하러 가서 집에 돌아오는 사람으로 정하고요. 이거 좋지 않아요? 그런데 참정권을 제한하잖아요. 사실 아이들도 나름대로 떡볶이 먹고 부가가치세도 내는데 말이에요.

아이들은 기득권이 없기 때문에, 한마디로 말해 가진 것이 없기 때문에 진보적일 수밖에 없습니다. 그러니 당연히 보수 세력들이 청소년들에게 선거권을 허락하지 않는 겁니다. 무서운 결과가 나올 테니까 말입니다. 아이들에게 선거권을 주면 그들도 정치에 대해 관심을 갖게 될 겁니다. 또 하나 그 전에 반드시 해야 할 일이 있어요. 지금과 같은 시험 제도를 모두 바꿔야 돼요. 상급 학교 진학이나 선행 학습으로 여력이 없이 지쳐 있는데, 어떻게 정치에 관심을 가질 수 있겠어요? 경쟁에 내몰린 사람들은 어린이나 어른이나 할 것이 없이 자기 생존을 위해 모든 에너지를 투입할 수밖에 없어요. 그런데 공적인 삶을 결정하는 정치에 어떻게 관심을 가질 수 있겠어요? 1997년 IMF 구제금융 사태 이후 취업이 힘들어지니까, 대학생의 정치 참여가 확연히 줄어들어 거의 사라진 것도 같은 이유죠.

민주주의를 위한 싸움은
그 방식마저도 민주주의적이어야 한다

진보적 지식인들이 젊은이에게 투표를 독려하면서 어르신들께 선거 당일에 여행을 보내자는 이야기를 합니다. 이것은 도덕적으로 온당한 것일까요?

개인적으로 어르신 효도여행과 보수 정당의 투표 시간 연장 반대는 근본적으로 다른 것이 없다고 생각해요. 저희 어머님도 경상남도 분이에요. 박정희, 박근혜를 정말 강하게 지지해요. 저희 아버님도 돌아가실 때까지 제가 끝내 설득을 시키지 못했어요. 저희 어머님도 아버님 따라서 투표하시거든요. 그런데 저희 어머님이 최근 대선에서 여당 후보를 안 찍으신 거예요. 제가 쓴 칼럼을 하나 보셨는데, 박근혜가 되면 내 아들이 죽을 수도 있다는 생각을 하신 거예요. 효도여행이 중요한 게 아니라 '어머니, 아버지. 저 죽어요. 비정규직 지속돼요' 이렇게 말씀을 드리세요. 박정희 나쁜 놈인 거 얘기하지 마세요. 박정희 다 좋아해요. 그분들은 박정희가 준 볶음밥을 먹었던 사람들이에요. 안 고쳐져요. 박정희 같은 사람만 오면 당신들이나 여러분들이 과거처럼 잘 살 거라고 생각을 해요. 여러분들이 그분들 설득시키는 유일한 방법은 당신 자식 힘들어진다는 거지, 정치 싸움 하지 마세요. 그분들은 여러분들을 위해서 투표를 한다고요. 정신들 차려요. 그러니까 우리가 어른들보다 더 유치한지도 몰라요.

여러분들에게 피해가 가면 여러분들 부모님은 다른 사람을 찍어요. 여러분들 부모님 나이의 세대들은 동물적 생존본능으로 사셨던 분들이에요. 그래서 보수적으로 보여요. 대의명

분 같은 거 없는 분들이라고요. 그분들의 왜곡된 사랑이지만 그걸 부정하진 마세요. 여러분들이 부모님을 사랑하는 것보다 어쩌면 부모님들이 여러분을 더 사랑할 수도 있어요. 그걸 알고 잘 이용해야죠. 효도관광이 중요한 게 아니에요. 여러분들이 효도관광을 시키면요, 부모님들은 부재자 투표를 할 거예요. 투표를 해야 여러분들이 행복해지리라 생각하시니까요. 차이를 아셔야 돼요. 부모님들은 여러분들을 재산처럼 소중한 것이라고 생각하는 분들이에요. 그러니 자식들을 반드시 지켜야 한다고 생각하고 행동하지요. 그런 판단으로 투표를 하시는 겁니다. 너무 관념적으로 생각하지 마세요. 그러니까 설득이 안 되는 거예요.

그리고 이제 건너뛰어서 보수 정당 투표를 저지하기 위한 효도관광이나 젊은이의 투표율을 떨어트리려는 보수 정당의 투표 시간 연장 반대가 근본적으로 다른 것이 무엇일까요? 결국은 양쪽 모두 민주주의 과정을 무시하고 원하는 결과만을 얻으려는 이기심이 아니냐고 하셨는데 정확한 비판이에요. 그런데 그 비판을 하면 욕 많이 들으실 거예요. 들으셔도 돼요. 맞는 얘기거든요. 나쁜 짓이죠. 치졸한 짓이죠. 두 경우 모두요. 그러니까 우리는 목숨 걸고 말하는 방법밖에 없어요. 김수영이 말한 것처럼 "민주주의를 위한 싸움은 그 방식마저도 민주주의적이어야 한다"고 말입니다. 그건 괜찮아요. 그건 절절한 나의 표현이니까요. 그런데 강제로 못 하게 한다든가, 아버님 어머님 손을 묶어 놓는다든가 하면 안 되는 거죠. 아버님과 어머님이 선택하도록 해야 돼요. 내가 선택을 하듯이 그분들이 선택할 수 있는 것들을 인정해야죠.

분단된 나라에서 진보로 살아가기

('종북'이라는 게 뭔가요?)

카를 슈미트Carl Schmitt가 쓴 《정치적인 것의 개념》이라는 책이 있어요. 정치적인 것의 범주는 적과 동지입니다. 예술의 범주가 아름다움과 추함이라면, 정치적인 것은 적과 동지인 겁니다. 얘는 내 편이고 쟤는 적, 이러면 정치적 개념인 거예요. 그래서 국가권력이 자기 권력에 도전하는 세력이 있으면 전쟁을 일삼는 거예요. 외적인 대립을 만들고 적과 동지를 만들면서 내부의 문제를 통치려는 겁니다. 그런데 양차 세계대전을 겪어 봤더니 이게 단합은 되는데 이상한 식으로 단합이 되는 겁니다. 다 죽고 몇 명만 단합이 되는 거죠. 그러니까 단

외적인 대립을 만들고 적과 동지를 만들면서
내부의 문제를 퉁치려는 겁니다.

합하는 비용이 너무나 올라간 겁니다. 그래서 20세기에 만든 게 올림픽이나 월드컵과 같은 국가대항전이에요. 여러분도 이 범주에 포획되어 있잖아요. 국가대표 경기면 환장을 하잖아요? 그게 전형적인 적과 동지의 범주인 거예요.

적과 동지라는 범주를 만들지 못하면, 자본가나 권력자가 자기 밑에 있는 노동자나 국민들을 통제하지 못하는 거예요. 생각해 보세요. 노사분규가 일어날 때, 자본가는 이야기합니다. "우리는 지금 경쟁 업체와 싸우고 있습니다. 진정한 적은 바로 경쟁 업체입니다. 여러분! 우리가 분열되어서는 안 됩니다. 우리는 한 배를 타고 있는 동지입니다." 부당한 권력에 대한 저항이 일어날 때, 권력자는 입에 침을 튀기며 역설합니다. "지금 국가에 위기가 닥쳐왔습니다. 조국이 풍전등화의 위기입니다. 지금 우리가 분열되면, 적들이 쾌재를 부를 겁니다. 여러분! 우리는 조국을 지켜야 합니다." 그러니까 내부의 온당한 문제 제기에 맞서 자꾸 외부의 적을 들먹이는 사람들을 조심하셔야 합니다. 그들은 내부의 건강한 비판을 외부의 적을 이용해 심지어는 외부를 적으로 만들어서라도 무마하려고 하는 거니까요.

만약 북한과 우리의 관계가 평화로우면, 우리는 내부의 문제로 관심을 쏟게 됩니다. 분단된 국가의 더럽고도 서러운 공식이 있죠. 우리 체제가 민주화가 되면 북한과의 적대관계가 완화되고, 우리 체제가 반민주적이고 권위적으로 돌아가면 북한과의 대립이 강화된다는 거죠. 이건 북쪽 체제도 마찬가지입니다. 체제에 대한 불만이 일어나면, 남쪽과 적대관계에 들어가면 됩니다. 최근 3대 세습의 문제나 경제적 문제로 자꾸 북한 체제가 남한을 적대시하는 것도 그런 이유에서입니다. 그러니까 보수 세력들은 자기의 기득권을 유지하기 위해 항상 북한과의 대립을 조장하는 겁니다. 그러다 보니 진보 세력들은 반대로 북한과의 화해와 평화를 이야기합니다. 더군다나 지금 북한을 적으로 돌리면 나중에 통일을 어떻게 이야기할 수 있을까요? 힘든 일이죠.

우리 사회에서 어떤 세력을 종북이나 좌익으로 몰고 가는 분위기가 조성되면 민주화의 척도가 현저하게 훼손되고 있다는 증거입니다. MBC 〈백분토론〉에서 "당신은 북한에 대해서 어떻게 생각하느냐?"라고 통합진보당 국회의원에게 진보 논객이란 사람이 몰아쳤을 때 저는 우파적 논리가 느껴져 소스라친 적이 있어요. 저 사람이 뻔히 알고 있으면서 저런 얘기를 하면 안 되는데, 검찰이나 보수 세력들이 할 법한 얘기들을 자기가 한단 말이에요. 명색이 진보 논객이란 사람이. 지금 보수 세력의 중심적인 인물 이재오도 한때는 보수 세력이 가장 무서워하던 진보의 상징이었습니다. 그러던 그가 북한을 비판하며 적으로 돌리면서 보수 정당에 합류하죠. 이것이 진보적인 인사가 보수 정당에 합류하는 공식입니다. 그 진보 논객이 이재오의 전철을 밟지 않기를 바랄 뿐이에요.

분단된 한반도에서 진보로 산다는 것은 매우 서러운 일입니다. 통일과 민주화를 동시에 추진해야 하니까요. 그래서 간혹 보수 세력이 내건 '적과 동지'의 논리에 포섭되지 않기 위해 진보 세력들은 안타까운 침묵을 선택하는 겁니다. 이 안타까운 침묵을 이해하셔야 합니다. 그럴 때 우리는 집요하게 남과 북을 적과 동지로 몰아가고, 우리 사회 내부의 건강한 문제 제기를 틀어막으려는 세력들을 제대로 미워할 수 있기 때문이에요. 진보 세력들은 북한 체제를 긍정하는 것은 아니지만, 통일의 파트너가 되어야 한다고 생각하는 겁니다. 그러니 적으로 돌려서는 안 된다고 판단한 거죠. 북한과 통일을 전제로 하는 화해가 이루어지면, 당연히 우리 체제 내부의 민주화도 진척될 거니까요. 아니 반대로 이야기해도 좋습니다. 한반도에 살고 있는 사람들이 서로 이해하고 사랑하려면, 주어진 분단 체제 양편에서 어느 정도 인간의 가치를 가장 우선시하는 민주주의 체제가 정착되어야 할 겁니다.

여기서 한 단계를 더 나가 볼까요? 만약에 특정 정당이나 인물이 북한에 사주를 받아 왔고, 그래서 북한 권력의 이득에 종사하고 우리 땅에 살고 있는 민중에 대한 사랑을 접었다면 이건 어떻게 봐야 할까요? 만약 그게 '종북 세력'이라면 진보

세력은 아닌 거죠. 진보의 핵심이 뭐라고 했죠? 이웃과 후손에 대한 사랑인 겁니다. 더 강한 권력에 기대는 건 진보가 아니죠. 그건 보수예요. 정확하게 평가를 내리려면 사실을 정확히 봐야 해요. 누군가 저에게 북한에 대해 어떻게 생각하느냐고 묻는다면, 저는 나쁜 새끼들이라고 얘기할 수 있어요. 북한은 민주적인 체제는 아니에요. 세습왕조잖아요. 여러분이 북한 체제를 미워해도 돼요. 그렇지만 그 미움을 잘 표현하셔야 해요. 보수 세력들이 바로 이용하려고 들 테니까. 그들은 굶주린 늑대와 같거든요.

사회주의 소련의 가장 큰 문제는 국유화였고, 이건 왕조 사회로의 복귀였던 겁니다. 그래서 붕괴된 거죠. 앞서 말씀 드렸죠? 국가나 특정 권력자가 모든 걸 모조리 가지고 있는 형태 이후에 사적 소유권을 인정한 부르주아 사회가 왔다고요. 부르주아 사회여도 문제죠. 이 시스템은 가진 사람만 기득권을 갖고 가난한 사람은 기득권을 가질 수가 없어요. 부르주아 사회에서 가장 큰 문제는 부익부 빈익빈이에요. 이건 부르주아 사회의 필연적인 결과죠. 가난한 사람이 어떻게 돈을 벌어요? 가난한 사람이 어떻게 아이를 대학 보내서 스펙을 쌓게 해요? 내가 가진 모든 돈은 내가 처분할 수 있으니 내 아이한테 처바를 수 있어요. 우리 교육제도가 어떻게 변했어요? 부모의 재력에 의해서 대학에 갈 수 있게 됐잖아요. 입학사정관 제도요?

가난한 아이는 절대 힘을 못 써요. 시험 봐서 들어가는 학교도 이상하게 들어가는데, 무슨 사정관 제도예요?

마르크스는 사적 소유가 어떤 폐단을 낳는지를 잘 알았던 사람이죠. 그래서 그는 사적 소유를 없애려고 했던 겁니다. 그래서 소련이나 북한이라는 형태가 나오게 된 거예요. 그게 모든 생산 수단을 국가가 독점하는 형태인 겁니다. 그런데 왕조 사회로 복귀할 가능성이 있다는 걸 몰랐던 거예요. 그렇지만 마르크스가 꿈꾸었던 것은 '개인들의 자유로운 공동체'였지, 모든 것을 국유화한 왕조적 사회는 아니었어요. 마르크스가 말년에 "나는 마르크스주의자가 아니야"라고 이야기했던 것도 이런 이유에서일 겁니다. 그러니 우리가 고민해야 할 게 뭔지 알겠죠?

사적 소유를 인정하되 하나의 공동체를 유지하기 위해서 누구나 가질 수 있는 영역을 얼마나 넓힐 것인지를 고민해야 합니다. 우리가 가족인 이유는 뭐예요? 가족이 가족인 이유는 수건을 같이 쓰기 때문이잖아요. 특정한 누군가 독점할 수 없기에 누구나 가질 수 있는 영역이 있단 말이에요. 공동체가 유지되는 방법이죠. 모든 사람이 내 것만 소유하려고 하면 그 가족은 깨집니다. 아이는 아이 것, 아버지는 아버지 것만 챙기면 그 가족이 유지가 되겠어요? 앞으로 휴지를 배분하겠다고 하면 아이들이 저항을 하겠죠? 자유투사가 되는 거라고요.

제가 무슨 이야기하는지 아시겠죠? 거꾸로 가면 안돼요. 왕조 사회로 돌아가면 안 된다고요. 북한은 소유 관계로 따지면 왕조 국가예요. 그러니 사적 소유의 개념을 폐기하는 게 아니라 어떤 영역을 넓혀야 한다고요? 누구도 독점하지 못해서 누구나 가질 수 있는 영역을 얼마나 많이 넓힐 것인지를 고민해야 해요. 공중 화장실, 의료 시스템, 주거도요. 지금 아파트를 다 가지려고 해서 이 난리인 거잖아요. '집 못 갖는다', 이렇게 하자고요. 이 영역을 조금씩 어떻게 넓힐까를 고민하자고요. 그럴수록 우리 공동체가 회복이 되는 거예요. 여러분들이 아이디어를 짜 보세요.

그래서 저는 이런 걸 고민해요. 어떤 사람이 공부도 안 하고 게을러서 가난해질 수 있어요. 오케이. 하지만 의료혜택은 받게 해 줘야 되고, 잠을 자게 해 줘야 되고, 일할 수 있는 최소한의 자리는 만들어야 된다는 거예요. 아주 쉬워요. 그런 아이디어를 머릿속으로 짜세요. 저는 바빠서 더 생각을 못 할 수도 있거든요. 여러분들이 그걸 고민을 해내면 그 형식이 바로 공동체의 형식이에요. 시골 마을에 가면 마을회관이 있잖아요. 마을회관을 어떤 할아버지가 독점하나요? 그러지 않잖아요. 그런 어떤 것. 누구도 독점 못 해서 아무나 쓸 수 있는 그 공간. 그 공간이 얼마만큼 있느냐가 중요한 거예요.

복지만 잘 되면 장땡?

(선진국의 척도는 무엇일까요?)

제가 생각하는 선진국의 척도는 얘기를 했죠. 공동의 기반을 얼마만큼 두느냐의 문제죠. 참고로 얘기합시다. 복지국가 구성됐을 때 우리 사회가 다른 민족에 대해서 배타적으로 변한다는 거 고민하셔야 돼요. 내가 낸 세금으로 내가 혜택을 받는데 '제3세계 노동자 새끼들 죽여 버려야 돼. 왜 얘네들한테 혜택을 줘?' 이렇게 돼요. 스칸디나비아 3국이 굉장히 배타적이에요. 복지가 탐욕으로 갈 수도 있습니다. 그래서 '우리 공동체만 잘 살자'라는 생각이 팽배할 수도 있지요. 굉장히 위험한 일입니다. 안목을 넓혀야 돼요. 우리가 동지로 묶이면 나머지가 적이 되는 거예요.

슈미트가 그랬잖아요. 적을 설정하면 우리가 동지가 된다고요. 반대로 우리가 동지로 뭉치면, 우리는 적을 설정하게 됩니다. 그래서 다른 사람들이 숟가락 없는 걸 싫어하게 돼요. '내 세금이 나한테 와야 되는데?' 그걸 조금 우려하셔야 돼요. 우리가 강하게 서로를 동지로 여기며 공동체로 완전하게 묶이는 것도 그래서 위험합니다. 배타적인 상태가 되니까요. '왜 여기에 숟가락을 놔? 우리 가족끼리인데.' 이해가 되시죠? 우리 가족끼리 잘 사는데 어떤 아이가 숟가락을 놓더니 이러는 거예요. '인류애를 보여 주세요.' 이럴 때 '뭔 인류애야?' 이러기 쉽다고요. 단계적으로는 우리 사회에서 가까이에 있는 이웃들이 인간적 대접을 받으려면 어떤 복지가 필요할지 고민하는 것은 좋아요. 그렇지만 한 가지를 더 고민해 보셔야 된다는 겁니다. 강도가 세지면 다른 민족에 대해서 배타적으로 변할 수 있다는 것을요. 이 잠재적인 위험성은 곧 현실화될 거예요. 아니, 어쩌면 이미 현실화되었는지도 모르죠. 그래서 잘사는 나라들이 제3세계 사람들 오면 배척하잖아요. 프랑스에서도 사회당 정권이 집권했을 때 아프리카 사람들을 더 몰아냈어요. 자기들 세금으로 복지를 하니까 '얘들 왜 숟가락 없어?' 이렇게 됐던 거죠. 이런 딜레마도 있어요.

복잡하죠. '복지 만만세'가 아니에요. 우리가 경제민주화가 돼서 재벌들의 돈을 우리 노동자한테 일정 정도 돌렸을 때, 제3세계 노동자들은 여백 지역에 더 남을 수도 있습니다. 정규직 노조가 비정규직 노동자를 안 받아들이는 것도 같은 맥락이고요. 이것도 고민을 해 보셔야 돼요. 그러니까 공동의 기반, 즉 공동체적 삶의 토대는 단기적으로는 우리 사회 내부에서 제대로 구축되어야 하지만, 이것으로 끝나는 것이 아니라는 것을 알아야 합니다. 인류 차원으로 공동체적 기반을 확장해야만 할 때가 올 테니까요. 그럴 때 우리만의 복지는 인류 차원의 공동체를 만드는 데 커다란 장애가 될 수도 있다는 점을 미리 생각해 둘 필요가 있어요. 정말 힘든 일이지요. 우리가 갈 길은 그렇게 멀기만 합니다. 그렇지만 힘내세요. 가야 할 길은 반드시 가야 하니까요.

용서의 자격

〈남영동1985〉라는 영화를 보고 왔습니다. 슬픔이나 참혹함보다는 의문이 떠올랐습니다. '그들은 용서받아야 했을까?' 김대중 전 대통령이나 김근태 씨는 독재자와 군사정부에 의해 죽음의 문턱까지 가는 고통을 당했습니다. 이들은 이름 없이 사라진 많은 희생자들과 달리 역사를 단죄할 기회가 있었음에도 이를 용서라는 방법으로 해결했습니다. 과거 혹은 역사를 평가할 때 어떤 기준으로 보는 것이 타당할까요? 어째서 용서를 선택해야 했을까요?

용서요? 타협이에요. 김대중 정부에서 제일 큰 문제는 현실적으로 군부 세력들의 저항이 있었다는 거예요. 그러니 전두환을 칠 수가 없었던 겁니다. 장성 수를 줄이지 못했어요. 오히려 장성 수가 늘어났죠. 어쨌든 군바리들이 제일 좋아하는 건, 별을 다는 거니까요. 용서요? 아니죠. 약해서 할 수밖에 없었던 치욕의 용서예요. 어떻게 용서를 해요? 아까도 얘기했지만 우리의 가장 큰 문제는 독재자를 죽이지 못했다는 겁니다. 한 명만 죽였으면 돼요. 뭔지 알죠? 후대에 대통령들이라는 놈들에게 다 귀감이 되니까요. 전두환이 어디까지 용서를 받는지 보여 준 겁니다.

아버지한테 매 맞는 아이가 아버지를 용서하게 돼요. 심지어 자기에게 폭력을 행사하는 아버지를 이해한다고요. 어머니가 나갔으니까 나한테 화풀이 한다고 생각하죠. 그게 용서인가요? 용서는요, 그 사람이 완전히 자립하고 당당해졌을 때 힘이 세졌을 때 하는 거예요. 약한 자가 용서를 할 수밖에 없는 조건에서, 용서한 것을 용서라고 하진 않아요. 그래서 민주주의에서 50보 정도 비겁했던 김대중 정부와 노무현 정부에서, 이명박 정부가 되면서 뒤로 150보 쭉쭉 밀려갔던 겁니다. 우리 기득권 세력들 만만치 않아요. 그러니 용서를 해야죠. 전면전을 못하니까요. 슬픔이에요. 강해서 용서했다고 하지 마세요. 예수의 정신, 이런 것도 아니에요. 자비, 이런 것도 아니에요. 어떻게 못하니까 그런 거예요. 슬픈 거죠. 그래서 용서하면 안 돼요. 용서하지 맙시다. 약한 자는 용서하는 거 아니에요. 자격 없어요. '더럽게 약하다'를 각인하고 살아야 합니다. '나는 쟤를 때리지도 못하는구나' 이렇게요. 중간에 용서하고 모든 걸 퉁치려고 그러죠. 그냥 그렇게 살려고요. 그럼 안 되는 거 같아요.

　누군가 한 명이 '전두환을 죽이자'고 할 수 있어요. 누가 죽일래요? 우리는 그 회의를 합시다. 누군가 죽일 수 있어요. 누가 광주에서 죽었던 사람들 대신 그 복수를 해 줄 수 있을까요? 민주주의를 외쳤던 사람들을 공수부대로 잔혹하게 도륙했던 그 인간을 그들 대신 누가 죽일까요? 죽일 수 있어요? 역사에 길이 남는데 죽이실래요? 우리는 불행히도, 역사보다 자신을 더 아껴요. 우리는 감옥에 가는 것도 싫고, 그렇게 약하고 비겁하다고요. 내가 당할 불이익들이 있는 거죠. 이것부터 우리가 아프게 자각해야 돼요. 용서하면 죽이러 갈 필요도 없고 편하잖아요. 이것도 가슴 속에 아프게 넣어 놓으셔야 됩니다.

노년이 갖는 정치적 관심에 대한 보고서

할아버지들은 왜 정치적으로 보수적인 걸까요? 그리고 왜 그렇게 정치에 관심이 많으신 걸까요?

할아버지들이 정치에 관심 많으시죠. 불쌍하신 분들이에요. 자식들한테 5,000원, 3,000원, 만 원 타서 지하철을 타시죠. 종로3가로 집결해야 되거든요. 종로3가라는 곳에 모여서 뭘 할까요? 3,000원 가지고 소주는 못 마시죠. 그러면 이합집산을 하세요. 돈을 모아야 음식을 사니까요. 종로3가는 뭐든지 가격이 현저히 낮아요. 냉면도 1,500원, 2,000원이면 돼요. 그래서 서로 돈을 모아 가지고 술을 마시고 안주를 시키다가 나중에 싸우죠. 막 싸워요. 저도 취재 많이 가거든요. 거기 있으면 너무 재밌어요. 사실 그분들은 너무 많이 당한 거거든요. 삶이 너무 궁핍한 거예요. 어디서 힘을 내요? 정치 이야기에서요. 보수적인 이야기를 계속 하면서 느끼는 강한 것들에 대한 노스텔지어가 있는 거죠. 박정희를 좋아하시고, 강했던 시절을 좋아하세요. 젊은이들을 무서워하시죠. 그래서 여러분들을 먼저 공격하는 거예요. 피해의식을 가지고 있으니까요.

자본주의가 발달하면 제일 피폐한 인간, 쓰레기 같은 인간으로 치부되는 게 노인이라는 거 아시죠? 노인들은 새로운 스마트폰을 만지지도 못해요. 여러분들 컴퓨터 고장 나면 누가 고쳐 줘요? 아버지요? 아버지가 뭘 고쳐요. 아버지한테 맡기면 쓰레기통에 버릴 수도 있어요. 여러분 후배가 더 잘 고치죠. 산업자본주의가 발달하면 얼리어답터는 젊은 세대밖에 없어요. 나이 드신 분들이 더 이상 지혜의 상징이 아닌 거죠. 왜냐하면 그분들이 썼던 물건들은 존재하지 않거든요. 그 자괴감이 느껴지세요? 제가 이야기 하나 해 드릴게요. 옛날에 어떤 잡지에서 본 건데 한 아버지가 심장마비로 죽었어요. 심장에 통증이 오면 약만 먹으면 되거든요. 그런데 약도 안 먹고 돌아가신 거예요. 혼자 사는 아버지인데 아들이 와서 당혹스러운 거죠. 약병도 안 보여요. 그런데 마당에 있는 돌이 들려 있는 거예요. 그 돌 밑에 약병이 있고요. 아버지가 깨려고 그런 거죠. 왜 못 깼는지 아세요? 아버지가 문맹이었던 거예요. 약병이 바뀌어서 '눌러서 돌리세요'라고 쓰여 있었던 겁니다. 여러분들도 그렇지 않아요? 새로운 제품 사면 설명서가 무섭지 않나요? 복잡하죠?

　돌아가신 제 아버님도 더블클릭을 못 하셨거든요. 이거 연습시키는 데, 6개월이 걸렸어요. 더블클릭을 가르쳐 드린 이유는 딱 하나예요. 저한테 바둑을 두자고 하세요. 그런데 조건이 까다롭죠. 막상막하로 두다가 져야 돼요. 이게 굉장히 힘들어요. 제가 지려고 그랬는데 저희 아버님이 악수를 두셨을 때, 그땐 정말 감당이 안 돼요. 그래서 제가 생각을 한 게 인터넷 바둑 게임에 들어가게 하자는 거였어요. 그런데 아버님이 더블클릭을 못 하시는 거예요. 여러분은 되죠? 여러분 어머님은 안 되실 거예요. 자본주의가 많이 발달하면 노인들은 이 세계가 낯선 곳이 되는 거예요. 그러니 노스탤지어가 더 강해지죠. 그래서 지하철 안에서 여러분한테 화내시는 거예요. 여러분들이 스마트폰 만지는 것도 부럽고 그렇게 못하는 데 스스로 자괴감도 드는 겁니다. 어디서 자기의 위신을 찾을까요? 옛날에 농촌 시절에는 춘하추동을 다 보냈기 때문에 할아버지들이 지혜의 상징이었잖아요. 마을에 무슨 일이 있으면 어르신들께 여쭤 보면 다 해결이 됐다고요. 지금 여러분 인생에서 무슨 일이 벌어졌을 때 아버지한테 조언 듣는 분 있나요? 아버진 모르잖아요. 스마트폰으로 현금 결제를 어떻게 하는지 그걸 어떻게 물어봐요?

　자본주의는 노인들을 폐물로 만들어요. 그래서 종로3가에 모여 계시는 거예요. 그분들이 누구를 뽑을까요? 그분들이 마지막으로 강렬했던 게 어느 때일 것 같아요? 자기 젊었을 때에요. 노인들의 피해의식을 아셔야 됩니다. 나쁜 것들은 그 피해의식을 집요하게 이용하는 것들이에요. 자본주의를 고도로 발달하게 하고 경쟁을 시켜서 그들을 폐인으로 만든 것들이 다시 또 그들을 이용한다는 게 가증스럽죠. 하지만 여러분들이 그 농간에 속아서 노인들을, 효도관광 시킨다고 어디로 보내면 안 돼요. 여러분들이 안 돌보면 그분들은 누가 돌볼까요? 끌어안으셔야 돼요. 그들이 정치에 대해서 가혹하게 이야기한다고 해서 여러분까지 등지면 안 돼요. 아버지, 어머니와 정치 이야기를 하면 대개 보수적이시잖아요. 그래도 그분이 내 부모님인데 어떻게 하실 거예요? 그게 여러분들의 딜레마예요. 아니면 호적을 파든가요. 세상이 단순하지 않아요. 그 복잡하고 뒤얽힌 상황에서 여러분들이 뭔가를 실천하기가 어려운 겁니다. 하나를 잡으면 하나를 버려야 되니까요. '어떻게 가급적 상처 안 주는 실천을 가족 사회에서 할 수 있을까', 이게 여러분들의 숙제죠.

내 수준이 낮으니, 네 수준도 낮다

{ 정치적 판단의 수준이 낮은 사람들을 어떻게 대처해야 하나요? }

우리는 자각을 했잖아요. 우리도 수준이 상당히 낮다는 걸요. 그냥 우리는 소녀시대를 좋아할 뿐이라는 거고, 그 사람들은 2NE1을 좋아할 뿐인 거예요. 우리가 유치하니, 상대방도 유치한 겁니다. 우리가 우리의 정치적 판단 수준을 한 단계 이상 끌어올리자고요. 부모님 세대가 정치적 판단 수준이 낮다고요? 웃기는 소리 하지 마세요. 내가 낮아 그들이 낮아 있는 건데 끌고 올라가야죠. 앞서서 제가 민주주의가 무엇이어야 하는지, 지금 이루어지지 않는다고 해도 어떠해야 되는지, 왜 가치가 있는지 그 이야기를 드렸죠? 그 정도 수준 내에서 이야기를 하는 겁니다. 무엇이 50보이고, 무엇이 100보인지요. 누구의 정책이 공동체와 민주주의를 몇 걸음 후퇴시킬지를 조목조목 이야기해 봅시다. 반면 여러분들이 누구는 악이고 누구는 선이라고 하면 대화는 되지 않아요. 그 사람이 민주주의의 가치를 받아들이는지 그렇지 않은지를 점검하고, '누가 받아들이지 않을까?' 거기서부터 차근차근 시작해야 돼요. 아주 느리게 조금씩 이야기하면서 그 사람 수준을 올립시다.

똥이 무서워서 피해요? 더러워서 피한다고 그러지만 대개 피하는 건 무서워서 피해요. 여러분들은 정치 수준이 낮은 사람을 무서워해요. 그들의 폭력을, 강력함을, 심플함을. 여러분들은 접전하면 분열하잖아요. 그들이 강해요. 그들한테 쫓아 있다고요. 정확한 정답일 거예요. '그들이 유치해서 말을 못 한다?' 이런 허영이 어디 있을까요? 그들은 강해요. 여러분들이 약하고요. 진보적인 사람들은 대한민국 극소수예요. 이 사람들만 있었으면 한국의 민주주의, 통일은 벌써 이루어졌을걸요? 문제는 쥐들의 모임이라는 거예요. 저 바깥에 나가서 '어떻게 저 고양이 목에다 방울을 걸 것인가'가 문제인 거죠.

참 이상하죠. 여러분들은 선거 끝나면 그래요. '왜 사람들이 그러지? 어떻게 이런 일이 있지?' 여러분 같은 인간들이 극소수라는 것을 자각해야 돼요. 여러분들이 소수예요. 소수는 뭔지 아세요? 약자예요. 정치적 판단 수준이 낮은 사람이 다수란 말이에요. 어떻게 할까요? 설득 못 한다고요? 아뇨, 무서운 거예요. 수가 너무 많아요. 설득 대상만 해도 수십만 명은 족히 될걸요? 여러분들이 힘이 없는 거예요. 논리도 없고요. 그냥 소녀시대를 좋아하는 거예요. 그리고 2NE1을 좋아하는 사람들이 지금은 더 많은 거고요. 지금 그런 국면이에요. 그래서 이제 이런 게 필요한 거죠. 글도 써야 되고, 이야기도 해야 되고요. 친구랑 이야기를 하세요. 나랑 정치적 입장이 다른 친구가 있다고 칩시다. 설득을 할 때 기본적인 태도는 이런 거예요. 내 말로 설득이 안 될 거라는 생각으로 설득하기. 그래야 설득을 해요. 반면 '반드시 넘어올 거야' 이러면 여러분들이 무리수를 두게 돼요. 여러분들만 또라이로 보이면서 인간관계만 나

빠져요. 무조건 제안하는 것은 프러포즈가 아니에요. 프러포즈는 '되면 땡큐, 안 되면 말고'예요. 이런 여유를 가지고 하면 설득이 되리라 생각해요.

소수가 다수가 되도록 노력해야 될 때에요, 지금. 소수가 다수가 돼야 될 때란 말이에요. 세계 경제가 바닥을 치고 있죠? 아주 가혹한 정리해고가 올 거예요. 굉장히 소중한 시점이에요. 50보와 100보는 다르다고 했죠? 집이 있고 해고를 당하는 것과 집 없이 해고를 당하는 것의 차이가 현저하게 나타날 거예요. 집 없이 해고당하면 얼어 죽는단 말이에요. 50보와 100보의 차이가 굉장히 크게 다가오는 때가 될 거예요.

절실하게 소수가 다수가 되게 합시다. 최선을 다하자고요. 할 얘긴 다 합시다. 그게 바로 정치적인 행동이에요. 비겁하게 틀어박혀 아무것도 안 하면서 '역사가 그렇지 뭐. 내 이럴 줄 알았어', 이러고 있지 말고요. 투표하는 것 이상의 것들을 요구하는 거예요. 신자유주의를 옹호하면서 인간의 가치를 떨어트렸던 인간들이 들어오지 못하게 해야 돼요. 그나마 인간에 대해 조금이나마 미안함을 가진 그런 사람들을 어떻게 해서든지 위에 올라가게 해야 돼요. 인간이 가혹한 자본의 시련 속에 떨어질 때, 떨어지는 사람들한테 밥을 한 공기 줄 수 있는 사람과 아예 안 주는 사람의 차이는 현저히 크게 나타날 거라는 겁니다. 50보와 100보는 같지 않아요. 힘든 사람들한테는 너무 다르다고요. 목숨을 구하는 거예요.

벤야민의 이야기를 다시 하면서 마무리를 지을게요. "매 순간 한 보 한 보만이 진보이다." 한 보를 내딛지 않고 두 보를 생각하거나 세 보를 생각하거나 N+1보를 생각하면 진보가 아니라는 겁니다. 완전한 민주주의를 꿈꿀 수 있는 후보가 나타날 때까지 투표 안 할 거예요? 그러면 안 되는 거예요. '한 보만이 진보다.' 50보와 100보는 다르니까요. 그것이 차선이라고 생각하시면 안 됩니다. 왜냐하면 최선도 없으니까요. 최선이라는 생각이 있으니까 차선이 떠오른다고요. 이렇게 생각합시다. 그냥 나한테는 짬뽕이랑 짜장면만 있다고요. 볶음밥은 생각하지 말아요. 그냥 둘 중에 하나 선택하는 거예요. 차선을 선택한다는 생각도 하지 마세요. 그냥 우린 선택하는 거예요, 주어진 조건을 절대적인 것으로 생각하면서요. 그 한 보를 내디딜지 안 내디딜지 주저하면서, 머릿속은 진보인데 모든 것에 냉소적인 사람들 주변에 많이 있을 거예요. 그 사람한테 우리가 공감했던 얘기, 벤야민의 얘기, 50보와 100보의 이야기를 합시다. 하고서 보자고요. 최선을 다하면 일단은 괜찮잖아요. 쪽팔리진 않으니까요.

김지하
정신의
본질

계몽적 지성을 위한 레퀴엠

> 어디에선가 헤겔은
> 모든 거대한 세계사적 사건과 인물들은
> 말하자면 두 번 나타난다고 말한다.
> 그는 이렇게 덧붙이는 것을 잊었다:
> "처음에는 비극으로, 그 다음에는 희극으로."
>
> ―《루이 보나파르트의 브뤼메르 18일》

부르주아 지식인의 자리

절망적입니다. 귀를 막고 고개를 돌리고 싶기까지 합니다. "왜 그러세요? 선생님! 더는 어떤 것도 이야기하지 마세요, 제발!" 믿었고 심지어는 존경하기까지 했던 사람이 우리의 기대를 좌절시키다니요. 그가 한때 방향을 잃고 배회하던 우리에게 방향타 노릇을 했던 사람이었기에, 우리는 실망감을 넘어서 배신감마저 느끼게 됩니다. 최근 시인 김지하의 언행이 그런 경우가 아니었을까요? 독재에 맞서 싸우며 진보의 편에 서 있다고 확신했던 시대의 아이콘이자, 독재 정권의 간담을 서늘하도록 만들었던 〈오적〉이란 시를 썼던 인문정신 아니었던가요.

'타는 목마름으로' 민주주의를 외쳤던 자유의 시인, 그가 바로 김지하 아니었던가요.

살아오는 삶의 아픔
살아오는 저 푸르른 자유의 추억

되살아오는 끌려가던 벗들의 피 묻은 얼굴
떨리는 손 떨리는 가슴
떨리는 치떨리는 노여움으로 나무판자에
백묵으로 서툰 솜씨로
쓴다.

숨죽여 흐느끼며
네 이름을 남 몰래 쓴다.
타는 목마름으로
타는 목마름으로
민주주의여 만세

— 김지하, 〈타는 목마름으로〉 중에서

김지하가 있었기에 우리는 외롭지 않았습니다. 전두환 독재 시절에도 우리는 민주주의를 타는 목마름으로 그와 함께 부를 수 있었으니까 말입니다.

1980년대에 대학을 다녔던 사람들에게 김지하는 말 그대로 진보의 '레전드'였습니다. 당시 김지하를 직접 보았던 사람에게 사람들이 모여들 정도였으니까요. 그렇지만 이제 그는 보수 세력과 구별되지 않게 되었습니다. 아니 구별은커녕 가혹한 독설을 자랑하던 보수 논객도 그에게는 명함도 못 내밀 정도로 보수적인 정신을 보여 주고 있습니다. 김지하는 변절, 아니면 전향한 것일까요? 그는 진보를 버리고 보수를 선택한 것일까요? 나이가 들어서 노망이 든 걸까요? 아니면 오랜 투옥으로 생긴 정신분열증이 도진 것일까요? 그렇지만 돌아보면 지금 당혹스런 시인의 행보는 이미 1990년대 초반에 얼핏 그 꼬리를 드러냈던 적이 있었습니다. 분신자살이라는 서럽지만 치열한 모닥불로, 당시 학생들은 권력의 폭압을 만천하에 밝히려던 때였습니다. 이러한 때 〈조선일보〉에서 김지하 시인은 "죽음의 굿판을 당장 걷어치워라"라는 사자후를 토로하게 됩니다. 생명을 존중하는 동학東學에 따른 주장일 수도 있겠지만, 그것만으로도 당시 학생과 시민들이 죽음으로 실현하고자 했던 민주주의 열망을 싸늘하게 식히는 데 충분했습니다. 의도적이든 그렇지 않았든 시인은 진보의 편에 서지 않고, 보수의 편에 섰던 것입니다.

냉정하게 보면 김지하는 변절한 것도 미친 것도 아니라고 할 수 있습니다. 김지하를 진보라고 본 것도, 그가 이제 보수라고 규정하고 있는 것도 우리일 뿐, 김지하는 김지하 자신으로 자기 자리를 지키고 있었을 뿐이지요. 김지하는 애초에 부르주아 입장을 지닌 계몽주의적 시인이었습니다. 그러니까 박정희 독재에 저항했을 때, 김지하는 1789년 프랑스 혁명을 이끌었던 부르주아 지식인의 입장을 반복하고 있었던 겁니다. 독재는 일종의 왕정에 지나지 않습니다. 그래서 부르주아 인문주의 교육을 받았던 김지하의 눈에 독재자는 야만에 지나지 않은 것으로, 그리고 독재자를 맹목적으로 숭배하는 민중들은 몽매한 것으로 비칠 수밖에 없었을 겁니다. 그러니 시를 써서 독재자의 야만성을 폭로하고 동시에 민중들을 계몽시킬 필요가 있었지요. 바로 이 순간 김지하는 진보의 레전드로 탄생하게 됩니다. 그러니까 김지하가 살았던 시대는 독재의 어둠을 밝히는 계몽적 지성과 실천으로 무장하고 있었다면, 그 누구라도 진보적 지식인일 수 있던 시절이었던 겁니다.

계몽의 대상을 잃은
계몽적 지성

그렇지만 잊지 마세요. 김지하는 박정희가 아니었던 만큼이나 전태일도 아니었다는 사실을요. 김지하와 전태일 사이의 간극은 1789년 프랑스에서 벌어졌던 부르주아 혁명과 1871년 프랑스 파리를 뒤흔들었던 파리 코뮌Paris Commune 사이의 차이만큼이나 큰 것입니다. 파리 코뮌은 계몽의 대상이라고 치부되던 파리의 민중과 노동자들이 정치의 주체로 떠오른 극적인 사건을 상징합니다. 이것은 프랑스 혁명으로 기득권을 잡은 부르주아 계층으로서는 불편하기 짝이 없는 악몽과도 같은 일이었을 겁니다. 계몽의 대상이 없다면, 계몽을 담당한다고 자처했던 그들의 사회적 위상은 휴지조각에 불과한 것이 될 테니 말입니다. 1871년에 이미 기존의 부르주아들은 진보적이지 않았던 겁니다. 그래서 그들이 파리 코뮌을 궤멸시켜 1789년 이래로 자신들이 구축해 온 기득권을 지키려는 보수 세력이 되어 버린 것은 어쩌면 당연한 수순이었는지도 모를 일입니다. 당시 부르주아 세력들은 민중과 노동자의 편에 서기보다는 외국의 군대를 동원해서라도 자신들의 기득권을 유지하려고 노력했었습니다. 여기서 왕정의 비이성적인 지배를 극복하고 이성적이고 합리적인 지배를 도모하려고 했던 부르주아 계층의 계몽주의적 이성은 단지 자신들의 기득권을 옹호하려는 배타적인 이성에 지나지 않는다는 것이 여실히 폭로되고 맙니다.

'박정희/김지하/전태일'은 각각 '왕정/부르주아/민중'을 상징합니다. '왕정/부르주아'라는 프레임에서 부르주아는 진보의 자리를 차지하지만, '부르주아/민중'이라는 프레임이 설정되자마자 부르주아는 보수의 자리를 차지할 수밖에 없습니다. 김지하는 변절한 것도 아니고 단지 자신의 자리를 꿋꿋하게 지키고 있었다는 평가가 가능한 것도 바로 이런 이유에서이지요. 박정희 독재에 대해 김지하는 진보적이었지만, 전태일에 대해 김지하는 보수적일 수밖에 없었던 겁니다. 결국 김지하는 계몽적 지성을 상징하는 부르주아 지식인에 지나지 않았던 셈이지요. 한마디로 그는 자신만이 세계를 환히 비추어 줄 수 있는 등불을 들고 있다고 믿었던 오만한 지식인이었던 겁니다. 오만도 이런 오만이 없지요. 그 등불을 들어 그는 독재자에게 당신이 야만일 수밖에 없는 이유를 보여 주었고, 동시에 민중과 노동자에게는 자신이 비추고 있는 길로만 가라고 역설했던 셈이니까요. 독재자가 사라지자마자, 김지하가 들고 있던 등불은 위태롭게 흔들리기 시작합니다. 당연한 일이지요. 그의 등불은 독재자라는 야만과 민중과 노동자의 몽매 사이에 존재해야만 안정적으로 유지될 수 있었던 것이니까요.

아이러니한 일 아닌가요? 독재자가 사라지자마자, 김지하가 들고 있는 등불은 꺼질 듯이 심하게 흔들릴 수밖에 없다는 사실이 말입니다. 바람을 막아 주던 두 벽 중 하나가 사라져 버리니, 당연히 등불은 요동칠 수밖에 없었던 겁니다. 이제 계몽적 지성 김지하는 무의식적으로 직감하게 됩니다. 민중과 노동자만은 항상 몽매의 대상으로 있어야만 한다는 것이지요. 오직 그럴 때에만 자신이 들고 있는 계몽의 등불이 그나마 자신의 존재 이유를 찾을 수 있으니까요. 민중과 노동자들마저 자신의 등불을 벗어나 그들만의 등불을 만들어 길을 찾아간다면, 김지하는 자신이 들고 있던 등불이 단지 자신만을 비추는 등불이었다는 참담한 현실에 직면할 수밖에 없었을 겁니다. 바람을 막아 주던 마지막 벽마저 완전히 사라진다면, 그가 평생 들고 있던 계몽의 등불도 허무하게 꺼질 수밖에 없습니다. 그렇기에 진보를 자처하는 민중과 노동자 세력이 오류와 실수에 빠질 때마다, 김지하는 박수를 치며 쾌재를 부르게 되는 겁니다. 아직도 자신과 자신이 들고 있는 등불이 유효하다는 사실만큼 계몽적 지성에게 만족스런 상황이 또 어디에 있겠습니까.

김수영의 경고

김수영은 제대로 된 참여시, 그러니까 진보의 편에 확고히 서려는 시인은 군중, 혹은 민중을 가슴에 품고 있어야만 한다고 역설합니다. 오직 그럴 때에만 군중과 함께 시인은 앞을 향해 세차게 달릴 수 있기 때문이지요. 이것이 바로 진보적 지성인이 걸어가야 할 길 아닌가요? 바로 이 순간 시인, 혹은 진보적 지성인은 사실 민중과 거의 구별되지 않습니다. 진보의 길에서 민중이 달리는지, 아니면 시인이 달리는지 모르는 형국이니까 말이지요. 가난한 자, 상처받은 자, 그리고 비참한 자, 그러니까 민중을 가슴에 품고 달리는 것과 민중을 관조하면서 그들을 뛰도록 독려하는 것은 완전히 다른 것입니다. 바로 후자가 김지하와 같은 계몽적 지성이 선택한 입장 아닌가요? 당신들은 우매하고 게으르니 내가 뛰라고 하는 곳으로 열심히 뛰어야 한다는 오만한 입장이지요. 이것만큼 계몽적 지성의 정신적 태도를 정확히 규정하는 것도 없을 겁니다. 여기서 우리는 계몽적 지성이 정도의 차이는 있지만 독재자와 별로 다르지 않은 강력한 권력욕을 숨기고 있다는 사실을 직감하게 됩니다. 계몽적 지성이 민중들이 스스로의 삶을 자각하여 스스로 불을 밝히는 것을 극도로 무서워하는 것도 다 이유가 있었던 셈입니다. 그러니 계몽적 지성은 민중들이 애써 스스로 밝힌 작은 불마저 바로 꺼 버리려고 하는 겁니다.

독재자와 싸울 때 김지하는 전태일과 구분되지 않았습니다. 그는 진보적 지성인으로 보였던 겁니다. 하긴, 적의 적은 동지일 수밖에 없을 테니까요. 그렇지만 독재자가 사라지자마자 김지하는 전태일을 지배하려고, 아니 최소한 전태일의 자각을 몽매로 만들려고 했던 겁니다. 여기서 그는 자신이 부르주아라는 사실, 그러니까 계몽적 지성인이라는 사실을 만천하에 스스로 드러내게 된 겁니다. 그래서 그는 지금 변절자라고 불릴 정도로 보수적인 인사가 된 겁니다. 이제야 1990년대 초 김지하가 '죽음의 굿판'이란 발언으로 민주화의 열기에 찬물을 끼얹게 되었던 이유도, 그리고 2010년대 지금 비정규직과 실업의 위기 속에서 절규하는 민중들을 배신하고 있는 이유도 분명해집니다. 이제 더 이상 독재자는 없습니다. 그러니 김지하는 자신의 계몽적 이성을 사수하기 위해 진보 세력과의 싸움에 소매를 걷어 올렸던 것이지요. 어쩌면 이 모든 것이 그가 자신의 선배 시인 김수영의 경고를 무시했기 때문에 발생한 것이라고 할 수 있습니다. 하긴 이미 민중을 가슴에 품고 함께 앞으로 달려갈 수 없었던 김지하라면, 어떻게 김수영의 말이 귀에 들어올 수 있었겠습니까. 이제 김지하는 신경 쓰지 말도록 하지요. 정치권, 학계, 그리고 시민단체에도 여전히 제2의 김지하가 너무나 많이 도사리고 있으니까요. 그래서 아직 우리의 실망은 시작되지 않은 것인지 모릅니다. 피눈물이 나는 희극이 언제 또 어디서나 발생할 수 있으니까 말입니다.

쫄지 마

안 해 봐서 무섭다

'쫀다'라는 표현은 무언가 두렵다는 것을 말하죠. 두려움이라는 건 안 해 본 것들을 무서워한다는 겁니다. 우리가 잘 모르는 것들에 대해서는 판타지를 가질 수 있거든요. 대개 오래된 마을에는 전설이 있죠. '저 뒷산에 가면 동굴이 있는데 곰이 비키니를 입고 있다더라', '가뭄이 들어 마을 저수지에 물이 마를 때 처자 하나를 던져 주면 비가 온다더라', 이런 식의 얘기들이죠. 그런데 그 동굴에 들어가 본 사람은 마을에 한 명도 없는 거예요. 우리가 안 해 본 것들을 무서워하기도 하지만 무서운 만큼 판타지를 만들기도 하는 거예요. 대개 여성 분들 섹스가 두려우시죠? 이게 참 부끄러운 이야기인데 왜 무섭냐면, 안 해 봐서 그래요. 사실은 아무것도 아니거든요.

사실 섹스가 무서운 분은 음란한 분이기도 하거든요. 섹스에 대해 온갖 판타지를 갖고 있는 거죠. 사랑을 나누면 불꽃이 튀어 오르고, 아름다운 배경음악이 흐르고 그럴 것 같죠?(웃음) 영화를 너무 많이 보신 거예요. 성이 두렵다는 건, 사실 우리가 그만큼 성이라는 것, 섹스라는 것을 멀리하는 풍습에서 살아왔기 때문에 그래요. 조르주 바타유Georges Bataille가 욕망에 대해 했던 말이 있습니다. "우리는 금지된 것만 욕망한다." 예를 들어, 나체촌에서는 성추행 문제가 일어나질 않아요. 나체촌에 가면 엄청날 것 같죠? 사람들이 다 벗고 있잖아요. 그런데 나체촌에 관음증이 있겠어요? 보이는 게 다 벗고 있는 모습인데 무슨 관음증이 있겠어요? 욕망은 대개가 금지된 것들을 향해 있는 거예요. 그래서 금지에는 공포나 두려움의 요소들이 있는 겁니다. 공포, 쫄는 거, 이런 게 다 있는 거죠.

경찰이나 공권력이 무서운 이유도 같아요. 사실은 잡혀서 고문을 당해 보지 않아서 그래요. 물론 끔찍한 고문을 오래, 많이 당하면 트라우마가 되기도 하지만 의외로 '별거 아니다'라는 느낌이 들 때가 있어요. 그런 경험 해 보셨죠? '아, 죽을 뻔했는데 별거 아니구나', 이런 느낌이 들 때가 있을 거예요. 그래서 대개 우리가 어떤 것에 쫄는 건, 그걸 해 보지 않았기 때문일 거예요. 어떤 관계든 그 바닥에 깔려 있는 공포는 그런 겁니다. 그래서 항상 공식처럼 머릿속에 넣어 두셔야 할 건, '나는 내가 안 해 본 걸 무서워한다'라는 거예요. 여행도, 자취도 처음에는 무섭죠. '혼자서 어떻게 여행을 가지?', '집 떠나서 어떻게 혼자 자취를 하지?', 이럴 수 있어요. 그런데 자취해 보신 분은 알잖아요. 별거 아니죠?

무서운 것이 있어서 쫄는 것이 아니라, 경험하지 못해서 쫄는 경우가 많습니다. 그래서 이걸 해결하는 하나의 방법은 그냥 하는 거예요. 모든 판타지의 특징은 우리가 그곳에 걸음을 훅 내밀었을 때 신기루처럼 없어진다는 거예요. 여러분 이혼 무섭죠? 이혼을 한 번 해 보면 더 이상 무섭지 않아요. 해 보고 나면 별것 아니란 걸 알게 되죠. 그런데 참 힘든 말이죠? 무서운데 그냥 하라고 하니까요. 사실 하기가 힘들거든요. 그렇지만 뭐든지 한 번의 경험은 필요합니다. 어떤 경험이든 상관없어요. 인생에서 너무나 무서운 것들을 한 번은 눈 질끈 감고, 과감하게 해 보는 경험이 필요해요. 그 경험이 한 번만 있으면 돼요. 내가 무섭다고 생각하는 걸 한 번 해 보는 거죠. 조금 상처를 받더라도 후유증이 적은 것들을 통해 그런 경험을 조금씩 쌓을 필요가 있습니다. 쪼는 것이 상당히 줄어들 테니까요.

무식하면 쫄지 않는다

그래서 무언가에 '쫀다'라는 표현을 우리가 쓰고 있지만 우리는 그게 두렵다는 거고, 그렇게 두려운 것이 경험해 보면 사실은 별게 아니라는 거예요. 별게 아니라는 것을 알 때까지가 힘들죠. 별게 아니라는 것을 아는 것이 우리의 성숙한 정도인데, 안타깝게도 인생은 날로 먹지 못해요. 경험으로 커버가 되어야 하거든요. 여러분들 학교 다니셨죠? 책 좀 보셨죠? 일정 부분은 삶에 도움이 되기도 하지만, 아이러니하게도 여러분들을 힘들게 하는 주범이기도 해요. 세상을 머리로만 너무 잘 알게 되면, 우리는 위축되죠. 세상은 아는 만큼 커져 보이고, 커져 보일수록 나는 점점 작아져만 가요. 이게 중요해요.

그래서 여러분들이 쫄지 않으려면 무식해야 돼요. 무식한 사람은 겁이 없죠. 왜냐면 아는 게 없으니까요. 시골의 한 처자가 있는데 성관계가 뭔지 몰라요. 그냥 본 거는 '소가 발정기 때는 하는구나' 이런 거예요. '남자도 저럴까?'라는 생각을 하다가, 어느 날 갑돌이가 나를 사랑한다고 덤빌 때 '음, 드디어 우리가 소가 되는가 보다' 하고 넘어가요. 그런데 오히려 순결 교육을 강하게 받으면 섹스는 힘들고 무서운 것이 되죠. 임신을 어떻게 생각하세요? 임신하는 줄 모르면 성관계를 하기가 편하거든요. 그런데 임신에 대해서 너무 잘 알면 계산에 빠져요. 배란기부터 다 잘 알고 있어야 하거든요. 그러면 성행위가 힘들어지는 거예요. 섹스에 집중하기도 힘들게 되겠죠.

제가 지금 무슨 말을 하는지 아시겠죠? 너무 많이 안다는 게 때로는 축복이기보다는 저주일 수도 있다는 겁니다. 내가 감당할 수 없을 정도로 너무 많이 알게 되면 힘들다고요. 마르크스의 《자본론》 읽어 보셨어요? 《자본론》 안 읽은 게 다행이에요. 아이러니하게도 안 읽으신 분들은 자본가들이랑 싸울 수 있어요. '이 새끼야, 왜 나 밤에 일 시켜?' 이럴 수 있잖아요.

그런데《자본론》에는 사람들이 착취를 당하는 아주 복잡한 메커니즘이 나오거든요. 그러면《자본론》을 읽은 사람들에게는 자본주의가 자신이 감당하기에는 너무 커 보여요. 그러니 아무 말도 못 하고, 어떤 행동도 취할 수 없게 되죠.

여러분들 학교 다닐 때 페미니즘 배웠죠? 페미니즘을 너무 많이 배운 어떤 여자가 있어요. 페미니즘 책으로 머리를 빵빵하게 무장했죠. 그러고 나서 직장에 갔어요. 자본가는 남성적이고 공격적이어서 여성을 쉽게 착취한다는 사실, 그리고 성적인 착취와 노동착취가 같다는 걸 이분은 너무 잘 알아요. 그런데 어느 날 직장 상사가 이분 몸을 조용히 만지는 거예요. 성추행이 벌어진 거죠. 페미니즘으로 무장한 이 사람은 소리를 못 지를 수도 있어요. 너무 많이 알거든요. 다른 회사에 가도 다르지 않다는 것을 아는 거예요. '또 만질 텐데'라고 생각하는 거죠. 그러면 아무것도 못 하죠. 그런데 반면 시골에서 아까 갑돌이랑 하룻밤 잤던 그 아가씨가 얼떨결에 취업이 됐어요. 같은 회사에 왔어요. 직장 상사가 엉덩이를 만지면, 바로 소리부터 지릅니다. 무식에서 오는 건강한 반응이죠.

유식해서
비겁해진다

너무 많이 알면, 복잡한 구조를 제대로 알게 되면, 나 자신 하나로는 이 세상이 바뀌지 않을 것이라는 절망감이 들 수 있어요. 예를 들어 적병이 한두 명이라고 생각하면, 싸울 용기가 나잖아요. 그런데 싸워야 할 적병이 사실 만 명이라는 것을 안다고 해 보세요. 갑자기 힘이 쭉 빠지죠. 다른 예도 있어요. 결혼을 하면 시댁에 가잖아요. 시어머니를 만나면 어떻게 할 거예요?〔잘해 드려야 돼요.〕왜 잘해 줘요? 이러면 시어머니가 부당한 일을 시켜도 하게 되죠. 너무 많이 알고 있어서 그래요. 부당한 일이 하나라면 어떻게 저항할 수도 있겠는데, 시어머니의 부당한 일은 한두 가지로 끝나는 것이 아니라 계속 될 거라는 것을 아는 겁니다. 시어머니와 며느리의 관계는 오래된 구조적 문제, 혼자서 결코 해결할 수 없는 해묵은 관습의 문제니까요.

이런 경우라면 차라리 고부 관계의 구조적 핵심을 모르는 것이 더 낫지요. '어머님, 그렇게 제사 음식을 차릴 필요는 없잖아요' 이렇게 얘기하는 게 낫잖아요. 너무 많이 배웠어요. 시댁은 이런 거고, 결혼은 이런 거고, 너무 많이 안다고요. 이걸 지워야 돼요. 시어머니가 '애는 도대체 뭘 배웠나' 이러시면서, 하나하나 다 가르쳐 줘야 돼요. 전을 부치려 그러는데, 며느리가 안 부쳐요. 시어머니가 '왜 전을 안 부치니?' 그러면 '전은 왜 부쳐요?'라고 하는 거예요. '제사 지낼 때 전을 부쳐야 돼'라고 시어머니가 알려 주면, '죽어 있는 사람이 뭘 먹을 수 있다고 전을 부쳐요?'라고 대답하시면 돼요. 제가 지금 농담 삼아 얘기하지만 여러분들이 대학물을 어정쩡하게 먹어서 생기는 고민이 엄청 많아요. 너무나 구조를 잘 알고 있어서 조금이라도 실천하지 못한다면, 차라리 모르는 게 낫잖아요.

 등산할 때 올라오는 사람들이 내려가는 저에게 물어봅니다. "정상이 얼마나 남았어요?" 이럴 때 저의 답은 둘로 갈라집니다. 만일 충분히 정상을 감당할 수 있는 분이라면, "지금 걷는 걸음으로 두세 시간이면 될 것 같네요"라고 답을 해요. 그런데 숨을 헐떡이며 곧 죽어갈 것 같은 분이라면, "다 왔어요. 이제 곧 정상이 보일 거예요"라고 답을 해요. 구조적 문제를 해결하는 것은 높은 정상을 오르는 것과 같습니다. 정상이 어딘지 모르고 무식하게 한 걸음 한 걸음 올라가다 보면, 정상에 오를 희망이라도 생기는 법이죠. 반면 정상까지 얼마나 힘든 여정인지 정확히 안다면, 우리는 한 걸음을 내딛는 용기마저도 포기할지 몰라요. 냉소적으로 변하는 거죠. 그래서일까요? 과거 사회에도 못 배운 농민들이 봉기를 일으키지 지식인 계층에서 혁명을 일으키지는 않습니다. 사회에 대해 투덜거리지만 바꾸려는 노력은 하지 않는 겁니다. "무식하면 용감하다"는 말이 있죠? 이 말은 우리가 "유식해서 비겁해질 수도 있다"는 것을 말하는 것 아닐까요?

야수성과 야만성과 뻔뻔함을 찾기

그래서 거꾸로 들어가 보는 게 좋을 것 같아요. 여러분들의 머리는 너무 복잡하다고요. '내가 이렇게 하면 아버지는 이렇게 나올 거야', '내가 이렇게 하면 회사는 이렇게 할 거야'라고 생각하면서 먼저 쫄아 있어요. 너무 많이 알아요. 우리가 알고 있는 이 많은 것들을 어떻게 버릴 것인지가 문제인 거예요. 야수성과 야만성과 뻔뻔함을 찾아야 된다는 겁니다. 쫄는 사람의 대척점에 있는 사람은 뻔뻔한 사람이에요. 아까 그 며느리 뻔뻔하지 않아요? 쫄는 것의 반대말은 당당함이 아니에요. 뻔뻔한 사람이 현실적인 힘까지 얻을 때, 오직 그때만 당당해질 수 있어요. 힘없는 사람이 당당하면, 사는 것조차 힘들 겁니다. 이렇게 정리해 보죠. 우리는 다음 순서로 성장해야만 해요. '쫄는 나'→'뻔뻔한 나'→'당당한 나'. 그러니까 우리는 당당해질 때까지 뻔뻔해지도록 노력해야 해요. 무모함이나 순박함이 아니라 뻔뻔함이라고요.

무슨 말인지 아시겠죠? 우리가 뻔뻔해야 되거든요. 여러분이 대통령을 만나면 어떡할 거예요? 대통령이 청와대에서 밤에 식사를 하자고 불러요. 그냥 외로워서 같이 밥 먹자 그래요. 갈 거예요? 가서 밥 먹는데, 대통령이 '젊은 세대가 나를 좀 지지해야 되는 거 아니에요?'라고 물어보면 뭐라 그럴 거예요? '저는 당신을 뽑았습니다' 이렇게 말하고 나오면 돼요.(웃음) 안 뽑았어도요. 이게 뻔뻔한 거예요. 방금 쫄았죠? 대통령이 물어보니까요. 대통령이 부르면 청와대에 가세요. 밥을 맛있게 드세요. 어쨌든 밥은 좋은 거니까요. 밥을 먹었으니, 대통령 입장에서도 여러분이 자기 말을 들어줘야 되잖아요. 여러분은 먹을 거 다 먹고, 지지도 한다고 하고, 나올 때는 한마디만 해 주면 돼요. '대통령 만세!' 그러고 나오자마자 '별로 맛은 없네', 이러고 쿨하게 집에 가면 돼요. 하실 수 있어요? 여러분들은 대통령이 부르면 절대 안 간다고 하든가 대통령이 본인을 지지해 달라고 하면, 말 못 하고 부들부들 떨다가 오겠죠. 말하면 돼요. '네가 원하는 게 겨우 이거니? 해 줄게. 잘 들어 봐!' 하고 쿨하게 얘기해 주세요. '난 당신을 찍었어요. 훌륭한 대통령이 돼 주세요. 다시 불러 주세요, 언니.'(웃음) 이렇게 말하고 나오면 돼요. 그리고 나오자마자 '재수 없어!'라고 한마디 내뱉고 싫어하면 되잖아요.

여러분들을 힘들게 하고 쫄게 하는 사람들에게 맞서 싸우는 방법은 뻔뻔함이에요. 뻔뻔해져야 돼요. 여기 상담 신청하신 분들은 모두 순수해요. 왜 뻔뻔한 걸 선택하지 않죠? 여러분들을 힘들게 하는 사람들을 보면 다 뻔뻔해요. 여러분도 뻔뻔해 보여야 돼요. 이게 중요한 거죠. 그러니까 먼저 말씀을 드릴게요. '쪼는 것의 반대는 뻔뻔함이다.' 여기에서 우리가 당당해질 수 있는 가장 강력한 방법 하나를 얻는 겁니다. 뻔뻔할 수 있겠죠? 이게 해결의 실마리예요. 뻔뻔하게 사장이 얘기하죠. '왜 이렇게 실적이 안 좋아?' 그럴 때 뻔뻔하게 대답하는 거예요. '열심히 했는데 이상해요. 잘 모르겠는데요.' 이런 거죠! 그런데 그렇게 얘기하면 좀 찔리죠? 사실은 최근에 애인과 실연해서 일을 못했던 거거든요. 여러분은 말도 못 하고 얼굴이 빨개져서 '열심히 할게요' 해 놓고는 저한테 상담을 보내요. '저는 사장이 무서워요' 이러면 안 된다니까요. 여러분들은 뻔뻔함을 배워야 돼요. 거짓말을 하는 방법을 배워야 됩니다.

뻔뻔해지기 실천 강령(1): 우아하게 거짓말하기

미리 말씀을 드리지만 강한 사람만이 거짓말을 해요. 약자는 정직하게 진실만을 얘기하죠. 제가 어느 자리에서든 항상 하는 얘기가 있어요. 어른들이 아이들이 크면 비밀일기를 쓰게 하잖아요. 열쇠를 돌려야 열리는 일기장 아시죠? 아이는 정성 들여 열고 닫지만 사실 손쉽게 열리죠. 부모님이 원하는 건 딱 하나예요. 아이의 내면을 보고 싶은 거죠. 그러면 아이는 거기에 불만을 쓰죠. '요새 엄마가 마음에 안 든다', '학교 가기 싫어' 이런 거 쓰잖아요. 부모님은 그걸 읽어 보고, 여러분의 내면을 보시는 거죠. 어머니한테 쫄지 않고 진정으로 뻔뻔한 사람은 이렇게 써 놔요. '난 다시 태어나도 이 집에서 태어날 거야.' 이 사람이 쫄아 있는 것처럼 보이나요? 부모를 가지고 노는 거죠. 아이지만 거의 어른 수준에 이른 아이일 겁니다. 물론 발랑 까졌다고 하는 사람도 있을 테지만 말입니다.

제게 상담을 요청하시는 모든 분들의 특징이 거짓말을 못한다는 거예요. 거짓말을 못하면, 약자인 겁니다. 고해성사를 생각해 보세요. 신부한테 정직하게 모든 것을 다 이야기하는 자리잖아요. 그리고 신부한테는 하나의 의무가 주어지죠. '다른 사람에게 비밀을 이야기 안 하고 죄를 용서해 주기.' 정직하다는 것은 약자의 덕목이에요. 권력자나 부모님들은 우리에게 말하잖아요. '네 죄를 네가 고하렷다! 그러면 내가 용서해 주겠다.' 공식처럼 외워 두세요. 누군가에게 진실을 이야기하지 않을 때 항상 찔린다면, 여러분은 약자인 거고 그 사람은 강자인 거예요. 이걸 실천적으로 말하면 이렇게 되는 거죠. 약자가 강자 앞에서 뻔뻔스럽게 마치 문학가처럼 거짓말을 할 때, 약자는 강자를 가지고 놀 수도 있는 당당함을 얻을 수 있다는 거예요.

거짓말을 하세요. 대개가 정직하기 때문에 쫄아요. 어린애처럼 굉장히 정직하다고요. 쪼는 사람만이 얼굴 빨개지고 그러는 거예요. 무슨 소린지 알죠? 거짓말을 능수능란하게 하자는 겁니다. '나는 항상 정직해야 되고 순수해야 된다'라고 생각하는 분들이 있어요. 도화지 같은 분들이죠. 이분들은 사는 게 힘들어요. 왜냐면 세상은 지저분하거든요. 도화지에 먹물이 튀어요. 무슨 말인지 아시겠죠? 먹물이 튀면, 신경 쓰지 말고 막 그리세요. 뻔뻔함의 최고의 실천법 중 하나가 거짓말을 하는 거예요. 양심의 가책은 전혀 느낄 필요 없어요. 강자로부터 자신을 보호하는 건, 자신의 삶에 대한 최소한의 의무니까요.

여러분들이 결혼해서 아이를 낳았어요. 아이가 자꾸 락스를 먹으려 그래요. 락스가 시원해 보인다고요. 그러면 뭐라고 해요. 설명할까요? '여기에는 염산 성분이 들어 있어서 마시면 위가 부식된단다' 이래요? 아이가 부식이 뭔 줄이나 아나요? 뭐라고 해야되겠어요? '락스 먹으면 죽는다'고 말하면 돼요. 아이니까 죽음도 잘 모르죠? 그러면 '락스를 먹으면 꼬리가 생긴다'고 말하면 되죠. 이 말에 죄책감을 느끼나요? 아이가 갑자기 엄마에게 물어봐요. '엄마, 나는 어떻게 태어났어?'

뭐라고 대답할래요? 〔황새가 주워 왔어.〕 황새가 주워 왔대요. 거짓말은 나쁜 것만은 아니에요. 죽을 때까지 우린 거짓말 속에서 살 겁니다. 아이의 거짓말, 애인의 거짓말, 친구의 거짓말, 동기의 거짓말. 누군가가 나한테 거짓말을 했다면 그 사람은 내가 어려운 것이겠지요.

정리를 해 볼까요? 거짓말이 정당화될 때는 두 가지가 있습니다. 첫째, 사랑하는 사람에게 거짓말을 하는 경우입니다. 이 경우에도 사랑하는 사람은 나보다 강자인 것처럼 느껴질 겁니다. 애인이 만남을 지속할 수도 있고 끊을 수도 있는 역량이 있는 것처럼 다가오는 경험이 사랑이니까요. 자기와 놀아 달라는 애인에게 '친구와 게임을 하기로 했어'라고 하면, 애인은 내게 크게 실망하고 나를 떠날지도 모릅니다. 그러니까 쿨하게 거짓말을 해야죠. '삼촌이 위독해! 미안해. 삼촌만 아니었다면, 너와 놀 수 있을 텐데.' 아이를 사랑하면 거짓말을 할 수 있어요. '황새가 널 데리고 왔단다', 이렇게 거짓말을 할 수 있잖아요.

그리고 사회에서 여러분보다 더 강한 놈이 정직을 강요하고 압력을 가해 올 때, 여러분들은 거짓말을 할 수 있어야 됩니다. 여러분 자신을 지키기 위해서 거짓말을 해야 돼요. 거짓말이 정당화되는 두 번째 경우죠. 강자 앞에서 약자가 자신만의 삶을 살아내기 위해 쿨하게 거짓말하는 겁니다. 이때 진실을 이야기하면 강자는 우리를 자기 식대로 통제하려고 할 테니까요. 애인이랑 데이트 약속이 정해졌다면, 직장 상사에게 이야기하는 겁니다. '부장님, 병원에 가 봐야 할 것 같아요.' 그런데 이런 경우에 사람들은 거짓말을 잘 못합니다. 힘 있는 사람이 '너 이거 했지?', 이러면 찔려요. '들킨 거 아니야?' 이런다고요. 그러니 뻔뻔함을 갖추어야 합니다. 이건 하루아침에 되는 것이 아니라, 부단한 연습을 통해서만 경지에 오를 수 있는 덕목입니다.

여러분을 쫄게 만드는 대상들은 대개 뻔뻔해요. 거꾸로 얘기해 보면 여러분들이 '밥'이라는 거예요. 이들을 이길 수 있는 유일한 방법은 그들보다 더 뻔뻔해지는 겁니다. 싸우라는 얘기를 하는 게 아니에요. 당당해하지 마세요. 왜 당당하려고 해요? 권력자한테 당당하게 굴면 훅 가는 거예요. 권력자를 이기는 방법은 뻔뻔해지는 거예요 뻔뻔하기 그지없는 게릴라를 생각하면 편해요. 상대방과 맞짱 뜰 수 없기에 게릴라가 되는 것 아닌가요? 상대방이 나보다 훨씬 강하면, 힘이 생길 때까지 우리는 게릴라가 되어야 해요. 적의 무기로 싸우고, 적의 식량을 축내고, 적의 옷을 입는 겁니다. 뻔뻔스럽게. 마치 적이 아닌 것처럼 태연한 모습으로요. 그렇지만 결정적인 순간, 충분히 적과 맞짱 뜰 수 있는 순간에 게릴라는 뻔뻔스러움 대신 당당함을 갖추게 될 겁니다.

'대통령 만세!'라는데 누가 뭐라 그러겠어요? 제가 예전에 방송국 노조에 강연을 갔어요. 투쟁지침을 전달하러 갔는데 노조원들이 멘붕 상태인 거죠. 공정한 방송? 시국이 이런데, 공정한 방송을 어떻게 만들겠어요? 그러니 강당은 잿빛 어둠으로 가득했죠. 그래서 제가 그랬어요. "얼마 전 여의도에서 새로운 대통령이 취임하던 날 날씨가 참 좋았지요?" 그런데 사람들 표정이 싹 변해요. '저 새끼 뭐지?' 하는 표정들인 거예요. 그 정도 여유도 없는데 대통령을 이긴다고요? 전 못 이긴다고 봐요. 계속 쫄아 있는 거예요. 강해 보여요? 모여 있으니까 강해 보이는 거죠. 개별적으로는 다 깨져요. 한 사람이 있어도 뻔뻔하면 되잖아요. 대통령이 방송국에 딱 오면 '대통령 만세!' 이러고, 이상하게 방송하면 되잖아요. 대통령이 국정 방송할 때, '지지직' 소리 내고요. 그러면 본부장이 물어볼 거 아니에요. '방송이 왜 그래?' 그러면 머리 긁으면 돼요. '장비를 바꾸어야 할 것 같아요.'(웃음) 이게 우리가 살아갈 수 있는 유일한 힘이에요.

세상은 우리를 다 쫄게 한다고요. 우리가 쪼는 건, 어린애 같고 정직해서 그래요. 일기장 쓰는 사람처럼 산단 말이에요. 이 태도를 가지면 안 돼요. 일기를 쓰는데, 첫 번째 페이지부터 마지막 페이지까지 순 거짓말인 일기를 써 보세요. 그리고 그 일기장을 애인한테 주는 거예요. '나의 마음을 받아 줘.'

하실 수 있어요? 못 하죠? 이게 교육의 병폐예요. 사회화의 목적은 국가나 권력이 힘 있는 사람한테 복종하도록 만드는 거예요. 교육의 목적이 뭐예요? 기성세대가 편한 거예요. 아이가 대소변을 가리면 누가 편해요? 부모가 편하죠. 어머니는 그런다고요. '얘야, 이제 품위 있게 기저귀에 똥을 누니 얼마나 좋니?' 사실은 이런 거죠. '얼마나 좋니? 나한테 안 맞고.' 교육의 목적이 뭐라고요? 기성세대들이 편한 거예요.

여러분들은 교육을 너무 잘 받은 겁니다. 정직하게 까놓고 고발하는 사람들, 자기 고백을 하는 사람들은 얼마나 약해요. 자기의 속내를 이야기했다가 부당한 대우를 받지요. 여러분들의 가장 큰 문제는 너무 정상적으로 중고등학교를 나왔다는 거예요. 중학교 때 본드도 마시고 고등학교 때 애인과 모텔도 가고, 할 거 다 해 본 다음에 개과천선했으면 여기 상담하러 오지도 않았을 거예요. 갈 데가 없어서 집에 가는 게 아니라 편해서 집에 들어가야 되는데 여러분은 그런 마음으로 집에 들어가나요? '집 나가면 개고생이다. 어머니 살아계실 때 무조건 번 돈은 저축해 놓고 어머니가 돌아가시면 나온다' 이렇게 살아야 되는데 그렇게 살고 계세요?

그러면 이 뻔뻔함을 어떻게 얻어야 돼요? 바깥에 나와 봐야 돼요. 바깥에 나와서 독립적인 생활도 하고 스스로 선택도 해 봐요. 돈이 많이 들죠. 집에서 나갈 수도 있고 들어갈 수도 있지만, 뻔뻔스럽게 집에 들어와 사는 사람의 비범함을 아셔야 됩니다. 부모한테도 쫄고 바깥에서도 쫄아서 오갈 데 없이 집에 있는 사람과는 다른 사람인 거예요. 뻔뻔한 사람은 부모님이 더 이상 밥도 안 주고 잠자리도 내주지 않고 구박을 하면, 그때가 되어서야 '음, 이제 떠날 때가 왔네. 지금까지 편했는데. 쩝, 어쩔 수 없지'라고 하면서 자신의 짐과 모아 둔 돈을 챙겨서 집을 나가죠.

거짓말을 하세요. 거짓말은 뻔뻔하죠. 거짓말을 하는 사람은 뻔뻔하기는 해도 쫄는 사람은 아니에요. 편안하게 거짓말을 하세요. 이 능력을 기르면 여러분들은 사회에 물의를 많이 불러일으킬 거예요. 대신 쫄진 않아요. '아, 이 세 치 혀로 인생이 거의 다 해결되는구나'라는 것을 깨닫게 될 거예요. '하루에 세 번씩 거짓말을 안 하면 입에 가시가 돋는다'라는 각오로 거짓말을 하면 6개월 정도 지났을 때, 여러분들은 이 세상에 하나도 쫄는 게 없을 거예요. 거짓말 잘하시는 분? 나는 거의 문학적 수준에 이르렀다? 이런 분 계신가요? 모든 문학은 거짓말이죠. 그들은 당당해요. 문학자들처럼 뻔뻔스러운 사람이 없고 당당한 사람도 없어요. 한국사회에서 민주화운동을 문인들이 끌고 갑니다. 왜죠? 그들은 거짓말쟁이거든요. 거짓말을 한다는 건 우월한 거예요. 이런 세계가 가능하지 않을까요? 뻥을 뻥뻥치면 사람들이 그거에 속아서 또 사회를 만들어요. 미래의 꿈이라는 게 뭐예요? 지금 사회는 우리를 이렇게 착취한다고, 그래서 이렇게 하면 자신이 뻥치고 있는 사회가 가능하다고, 누군가 막 뻥을 치는 거죠. 그 뻥이 긴가민가하다가 사회가 그걸 받아들이면 그 사회는 변화하는 거예요. 거짓말 속에서 새로운 역사가 열리는 겁니다.

뻔뻔해지기 실천 강령(2) : 기꺼이 욕먹기

2000년 전에 중국에 철학자 송견宋銒이라는 사람이 있었습니다. 이 사람의 테마는 견모불욕見侮不辱이에요. '모욕을 당해도 치욕으로 생각하지 않는다' 이게 또 핵심적이죠. 모욕을 당해도 치욕으로 생각하지 않는다는 겁니다. 여러분들은 트위터를 할 때 사람들이 이상한 멘션 보내면 상처받죠. 페이스북에서 '너 쓰레기지?' 이런 얘기를 들으면 모욕감을 느끼잖아요? 여러분들은 사랑받고 싶어 하고 관심받고 싶어 하시죠. 예쁜 사람이고 싶고, 고상하고 싶고, 순수하고 싶고요. 우리는 이런 욕망을 가지고 있는 사람들이에요. 칭찬해 주면 훅 넘어갈 사람들인 거죠. 그게 거짓된 칭찬이어도요. 이게 우리가 가진 가장 큰 문제예요. 그래서 누군가 칭찬해 주면 좋고, 누군가 칭찬 안 할 거 같으면 쫄죠. 인정받고 싶으신 거예요.

모든 인간관계의 문제는 인정을 받으려고 해서 생겨납니다. 인정받으려고 하지 말아요. 왜 인정받으려고 그래요? 진짜 위대한 인격은 뻔뻔스러운 거라니까요? 인정받으려는 사람은 항상 정직하려고 한다고요. 많은 우화는 사람들이 거짓말을 해서 우울해지고 외로워진다고 그러죠. 사실이에요. 하지만 인정을 받으려는 사람만이 아기처럼 진실을 얘기해요. 그러니까 절대 남한테 인정받으려고 하지 마세요. '어차피 혼자 사는 세상'이라는 멘트를 하던 개그 프로그램의 코너가 있었는데 기억 나세요? 진짜 좋은 멘트죠. 그 사람이 쫄 거 같아요? 세상에 대해서? 누가 무슨 욕을 하든지 간에 그걸 의식하면 안돼요. 왜냐하면 누군가 욕을 했는데 그걸로 화가 나고 속상하다는 것은 인정받겠다는 걸 드러내는 거거든요. 누가 여러분에게 '야, 이 개새끼야!'라고 욕을 하면, '그래요. 난 개새끼예요. 만세!' 이러면 되는 거예요. 남이 인정하든 안 하든 내가 무슨 상관이에요?

극단적인 사례를 하나 생각해 볼까요? 만약에 어떤 남자가 '화장이 오늘 개같이 됐는데?' 이러는 거예요. 뭐라고 하실 거예요? 씩 웃으면서 '어머, 이런 들켰네. 저, 사실은 개예요'라고 날려 주는 거죠. 멋지죠. 누가 욕했을 때 동요하지 않아야 어른인 거예요. 우리는 개나 소나 다 인정받으려고 해서 일이 커지는 거란 말이에요. 인정받을 필요 없어요. 그러니까 인정받겠다는 의식을 끊어야 돼요. 저는 종종 대학교수들을 만날 때 그분들 간을 볼 때가 있어요. 글을 보면, 이 사람이 나랑 비슷한 과거를 가지고 있거나 좀 독립적인 영혼인 거 같은데 판단이 잘 서지 않을 때가 있거든요. 그럼 한번 질러 봅니다. "선생님의 책은 거의 쓰레기던데요?" 그때 그분이 "그래. 쓰레기예요, 맞아"라고 하면 저는 그분이랑 친구가 돼요. 제가 걸작이라고 그러든 쓰레기라고 그러든 그분은 그냥 자기 책이 좋은 거예요. 반면 얼굴이 굳어지면서, '이 새끼가 언제 봤다고 처음 봤는데 내 글 보고 쓰레기라고 그래?' 이렇게 말한다면, 그분은 약한 거예요. 사람 간 보는 거 어렵지 않죠.

　외모에 대해서도 마찬가지예요. 남들이 못생겼다, 뚱뚱하다고 했을 때 '그래 나 못생겼다', '그래 나 돼지다' 이렇게 반응하는 분들은 외모에 신경 안 써요. 여러분은 다이어트 하죠? 애라는 거죠. 뭔 상관이에요? 누구를 위해 다이어트를 해요? 배고프면 먹을 거 다 먹어야죠. 뻔뻔스럽게. 마음속에 항상 넣어 놓으셔야 해요. 누군가한테 인정받으려고 그럴 때 또 쫄아요. 사실 여러분들 불러다가 한 사람 한 사람 모욕에 가까운 얘기를 하고 싶어요. 욕에 단련되면 진짜 강해져요. 누가 '넌 쓰레기야!' 그래도 픽 웃는 거예요. '어떻게 알았어?' 이렇게 한마디 해야죠. 그러면 상대방이 동요해요. 여러분들은 그런 이야기 들으면 막 싫죠? 여기에서부터 문제가 생겨요.

'거짓말하라' 이후의 두 번째 행동 강령은 '기꺼이 욕을 들으라'는 겁니다. 스스로 내가 어느 정도의 인간인지 시험해 보려면 욕을 들어 봐야 돼요. 남의 험담, 음해를 들어야 돼요. 무슨 소리인지 알죠? 자꾸 남에게 인정받는 이 메커니즘이 우리를 세상에 쫄게 만들어요. 검열하게 만들고요. 예쁜 사람 콤플렉스를 버려야 돼요. 남의 인정을 받으려고 하지 말 것. 어머니의 칭찬 들으려고 하지 말 것. 어머니의 칭찬 들으려면 남자 친구, 여자 친구랑 모텔도 못 가요. 그 칭찬이란 게 나한테 뭔 상관이에요. 여러분들의 트위터나 페이스북에 오만 가지 욕이 달려도 이렇게 생각하세요. '반응이 좋은걸?' 욕 좀 달렸다고 트위터 끊고 페이스북 끊고 뭣들 하는 거예요? 그게 남에게 인정받으려고 그러는 거잖아요.

친구를 만나시면, 서로 계속 욕을 하세요. 칭찬하지 말고 욕을 해요. '오늘 네 옷은 거의 걸레인 걸?' 이렇게요.(웃음) 무슨 말인지 알죠? 그걸 견디는 거예요. 좋은 친구 사이에서는 서로 칭찬을 하지 않아요. 병신같고 나약하고 여린 애들끼리만 둘이 모여서 서로 '너는 예쁘네, 고상하네, 지적이네' 그러는 거죠. 그렇게 살다 보니까 바깥에 나갔을 때 욕 한 번 듣고서는 상처받고 또 그 친구한테 가요. 이게 뭐예요? 친구들끼리 서로를 강하게 만들어야 되잖아요. 서로를 욕해 줘요. 만나자마자 허점을 찾아야 돼요. 처음엔 힘들지만 그걸 견디면 놀라운 일이 벌어져요. 심지어 그 다음부터는 화장도 안 할 거예요. 남의 눈치를 보지 않는다는 거예요.

친구들끼리 만나서 칭찬하고 서로 위로하지 말아요. 아부하는 사람이랑 아첨하는 사람은 군주를 붕괴시켜요. 회사에 갔을 때도 너무 열심히 일해서 인정받지 말아요. 회사에 들어가자마자 한 달 동안은 사고를 치세요. 복사기에다 커피 쏟고 복사기를 망가트리는 거예요. 온갖 욕을 다 듣는 겁니다. 그러면 여러분들은 회사에서 안 쫄아요. 자기가 정말 잘못을 할 때도 있을 겁니다. 이 경우 보통 '다시는 잘못을 저지르지 말아야지'라며 자책하죠. 그러면 또 실수할까 봐 쫄게 되어 있어요. 잘못 같은 거 신경 쓰지 말고, 스스로 검열하지 않는 방법은 누가 나한테 욕을 하거나 뭐라고 할 때 그것에 쿨해지는 것입니다. 쿨해지면, 여러분은 세상에 쫄지 않아요. 아시겠죠?

디오게네스가 우리의 방법이다

세상에 쫄지 않았던 대표적인 사람 중에 디오게네스Diogenes라는 그리스의 철학자가 있습니다. 디오게네스는 사람들이 바글바글한 저잣거리에서 자위를 했어요. 그러면 사람들이 '너 짐승 아니야?' 이럴 거 아니에요. 디오게네스는 자위를 하고 사정을 한 다음에, 배를 쓰다듬으면서 한마디 했죠. 그 유명한 말, "이놈의 페니스처럼 내 배도 만지면 불렀으면". 이 놀랄 만큼의 위대함과 뻔뻔스러움을 보세요. 제가 제일 존경하는 철학자입니다. 책을 쓸 필요도 없어요. 삶 자체가 철학이기 때문이죠. 그래서 일화만 남아 있어요. 뻔뻔스럽기 그지없는 일화들뿐이죠. 디오게네스는 세상 사람들의 시선에 신경도 쓰지 않아요. 그들의 인정을 받으려고 하지도 않아요.

'오늘은 좀 성욕이 드는걸?' 이럴 때 우리는 애써 골방을 찾아가겠죠. 이분은 조용히 광화문 광장에 있는 세종대왕상 앞에서 그냥 가볍게 하시는 거예요. 우리는 고상한 척하고 예쁜 척하고 남한테 칭찬받고 싶어 하지만 디오게네스는 그렇지 않아요. 주인이죠. 당당하죠. 세계에 안 쫄았죠. 디오게네스는 목욕도 안 했어요. 쿨하게 자위하시고 쿨하게 방구도 뀌시고요. 학자들이 모여서 지적인 토론을 하는 자리에 조용히 들어가서 방구를 계속 뀌어서 그 모임에 있는 학자들을 다 쫓아냈던 분이에요. 위대한 분이죠. 디오게네스를 따르면 우리가 이런 것도 할 수 있겠네요. 광화문에서 자위하기는 좀 그러니 방귀를 뀌어 보는 건 어때요? 방귀 시위 어때요?(웃음) 방귀를 다 모아 둡시다. 배 속에 가득 방귀를 모아서 광화문에 모일래요? 모여서 청와대 앞에서 방귀 뀔래요? 촛불 시위보다 더 나아요.

앞서 두 번째로 이야기했던 남의 인정을 받지 말아야 된다는 것과 같은 건데, 누구한테 욕을 듣는 것보다 더 좋은 방법은 방귀를 뀌는 거예요. 대중들이 많이 모여 있는 곳이나 도서관, 학교 같은 곳에 계실 때 있죠? 그런 데서 방귀를 뀌고 얼굴에 미동도 없어야 돼요. 남들이 욕을 하면, 그냥 시크하게 웃어 주는 거예요. '들었니?'라고 하면서요. 이 뻔뻔함, 하실 수 있겠어요? 그러면 디오게네스가 돼요. 이거부터 여러분들이 연습을 하면 돼요. 그래서 쫄지 말라는 말, 당당해지라는 말은 비장한 영혼, 순교자가 되라는 얘기가 아니라 뻔뻔해지라는 이야기예요.

디오게네스가 여러분들의 방법인 겁니다. 디오게네스는 뻔뻔스럽고 결과적으로 당당한 거예요. 알렉산드로스Alexandros 대왕이 통에 사는 디오게네스를 만나러 갑니다. 왕이니까 해 줄 수 있는 게 있잖아요. 그래서 알렉산드로스가 디오게네스에게 "내가 뭘 해 드릴까요?"라고 물었어요. 그러니까 햇볕을 쬐며 쉬고 있던 디오게네스가 쿨하게 한마디 하죠. "햇빛 가리지 말고, 비켜!" 그 말을 듣고 알렉산드로스가 이렇게 말해요. "만약 내가 알렉산드로스 대왕이 아니라면 나는 디오게네스이고 싶다." 유명한 일화죠. 디오게네스가 권력자인 알렉산드로스를 죽일 수도 없고, 알렉산드로스의 전체주의를 붕괴시킬 수도 없어요. 하지만 뻔뻔할 수는 있어요. 쫄지 않을 수는 있는 거예요.

뻔뻔함의 두 가지 강령. 첫 번째, 거짓말 잘하기. 들키지 않고 부드럽고 우아하게. 두 번째, 기꺼이 욕을 먹기. '하루에 욕을 세 번 안 먹으면 입에 가시가 돋는다'라는 생각으로 욕 듣기. 욕이 부족하면 반드시 나서서 욕먹을 짓을 하기. 하실 수 있어요? 저도 욕 많이 먹거든요. 이런 식으로 강의를 하는데 누가 좋아하겠어요. 다 싫어해요. 철학의 품격을 훼손시켰다는 둥 그러죠. 그럴 때 저는 그냥 쿨하게 말해요. "제가 좀 천박하죠." 신경 안 써요, 그런 거. 그런 거 왜 신경 써요? 물론 저도 처음에 박사학위를 받고서 고상을 좀 떨던 때가 있었죠. 남의 논평에 신경도 쓰고요. 그런데 어느 순간에 쿨하게 욕먹으면 되더라고요. 만사가 편해지는 경지에 이르게 된 겁니다.

뻔뻔스럽고 당당한 사람들, 쫄지 않는 사람들은 선천적으로 타고난 게 아니라 실전무공으로 단련된 거예요. 저도 그렇게 단련된 거고 여기 계시는 분들이나 누구든지 그렇게 단련이 돼야 되는 거예요. 머릿속에서 디오게네스 이야기를 백날 해도 소용없어요. 광화문에 가서 방귀를 한 번 뀌어 봐야 거기서 초래되는 모든 것들에서 내 뻔뻔함의 수위가 어느 정도인지 알 수 있어요. 여러분들은 두 가지의 강령만 가지고 가시면 돼요.

뻔뻔스러우면 여러분들에게 누구도 모욕을 줄 수 없고 그러면 여러분들은 어떤 주장이라도 당당하게 할 수 있어요. 글도 쓸 수 있죠. 악플이 붙어도 써요. 어떤 검열도 없이 자기 글을 쓸 수 있어요. 뻔뻔스럽게, 우아하게, 그리고 당당하게. 오히려 악플이 달리면 우리는 뭐라고 얘기하면 되죠? '오늘은 내가 명문을 쓴 모양인걸?', 이렇게 쿨하게. 하실 수 있겠어요? 누구한테 인정받으려고 쓰나요? 그냥 쓰는 거예요. 두 가지 실천 강령만 철저하게 가지고 간다면 여러분들은 쪼는 것에서 벗어날 수 있습니다. 이 비범한 뻔뻔함을 여러분들이 가져야 돼요. 지독하게 뻔뻔해집시다.

타인의 시선, 신경 쓰지 마!

저는 마흔일곱 살의 여성입니다. 저에게는 오래된 고민이 있습니다. 타인의 시선을 너무나도 불편해 한다는 겁니다. 지금도 길을 걸을 때, 맞은편에서 사람이 걸어오면 어딜 봐야 할지도, 어떻게 걸어야 할지도 모르겠어요. 옆 도로를 지나가는 버스에서 누군가 날 보지 않을까 신경이 쓰여서 버스만 지나가도 너무 불편해요. 겉으로는 티내지 않고 자연스럽게 하려고 애쓰지만요. 제가 그동안 스스로를 관찰한 바로는 남자를 대할 때 그런 증상이 더 두드러졌습니다. 보고 싶은데 볼 용기가 없어서 고개를 숙이거나, 옆 건물을 보거나, 핸드폰을 보거나 하는 식으로 피하게 되면 스스로 피했다는 느낌 때문에 기분이 좋지 않습니다. 가뿐하게 살고 싶어요. 도움을 요청합니다.

우리가 아주 나약해졌을 때, 우리는 타인의 시선을 의식합니다. 갑자기 어린아이로 돌아가서 어머니의 검열을 받는 상태가 되는 것처럼 느껴지죠. 우리가 스스로를 검열하거나

타인의 시선을 의식하면 안 돼요. 세상 사람들은 여러분을 신경 안 써요.
여러분이 신경 쓰는 것만큼 신경 안 써요.

타인의 시선을 의식하면 안 돼요. 그래서 디오게네스 이야기를 해 드렸죠. 타인의 시선을 의식하지 않아야 돼요. 여러분들은 타인의 시선을 의식해서 모텔 방에선 키스를 하지만 바깥에서는 키스를 못 하잖아요. 집에서는 섹스를 해도 바깥에선 못 하죠. 사실은 그 차이인 거예요. 그러니까 문제는 타인의 시선을 극도로 의식한다는 거죠.

이분은 아직 사랑받고 싶은 거예요. 관심과 주목을 받고 싶은 거지요. 그냥 개무시하면 되거든요. 방법이 하나 있어요. 옷을 누더기를 해서 입고 바깥에 돌아다녀 보세요. 아무도 신경 안 써요. 여러분들은 세상 사람들이 다 나를 보는 거 같죠? 웃기는 소리 하지 마세요. 착각이에요. 여러분이 넘어져도 사람들은 그냥 밟고 지나가요. '이건 웬 가마니야' 하고 밟아요, 그냥. 세상 사람들은 여러분을 신경 안 써요. 여러분이 신경 쓰는 것만큼 신경 안 써요. 그런데 우리는 다른 사람들의 인정을 받고 싶단 말이에요. 이것에서 벗어나야 된다고요.

잘난 사람들 앞에서 말할 때, 쫄지 마!

대학원에서 석사과정을 밟고 있습니다. 저는 무슨 말을

할 때마다, '이 사람이 나에 대해 어떻게 생각할까?' 이런 생각이 들어 말을 잘 하지 못하고, 항상 쫄아 있습니다. 대학원에서는 세미나를 자주 하는데 세미나를 할 때마다 비판적 코멘트를 늘어 놓는 사람들이 주변에 많이 있어요. 저는 말을 안 하고 듣기만 해요. '내가 말한 게 틀리면 어쩌지? 내가 말한 게 폼이 안 나면 어쩌나' 하는 생각에 말을 잘 못합니다.

제일 말을 못하는 사람이 어떤 사람인지 아세요? 다른 사람들이 어떻게 듣나 생각하는 사람이 말을 제일 못해요. 제가 지금 여러분들 배려하고 말하는 것 같아요? 막 말하는 거예요. 질문하는 분들에게 제가 항상 부탁하는 게 있어요. 예쁜 척하고 말하지 말 것. 지적으로 보이는 척하며 질문하지 말 것. 다른 사람이 듣는다고 생각하면서 말하지 말 것. 철학자 앞이라고 잘 알지도 못하는 개념 쓰면서 말하지 말 것. 그렇게 말하면 제가 헷갈리거든요. 그냥 까놓고 얘기하면 해석이라도 하죠. 여러분들이 다른 사람 의식하느라 말을 잘 못하는 거잖아요. 그냥 내지르면 돼요. 소리 한번 질러 봐요, 크게. 〔아!〕 소리가 두 종류가 있거든요. 입에서 터져서 속으로 들어가는 소리가 있고 바깥으로 나오는 소리가 있어요. 우리가 원하는 건 바깥으로 나오는 건데 '하나 둘 셋' 할 테니까 소리 한번 질러 봐요. 하나 둘 셋! (아!) 에이, 지랄을 한다. 다시! 심장이 바깥으로 빠져나오고 대장이 입으로 튀어나오게 소리를 내라니까요. 하나 둘 셋! (아!) 좋아요.

이제 가서 말하면 돼요. '그냥 이게 나다.' 예쁘게 보이려고 하지 말고 디오게네스가 자위하듯이 본인이 원하는 대로 말하세요. 그리고 아예 기대를 하세요. '저 인간, 정말 무식하네' 이런 평가를 말이에요. 그리고 대학원에 잘난 척하면서 막 떠드는 사람들 있죠? 대학원생들, 걔네들도 어린애예요. '나 예쁘게 잘 말하죠?'라고 인정받고 싶어하는 아이들이랑 똑같다고요. 그런데 본인은 그 어린애보다 못한다고 생각하면서 '저렇게 사랑받으려면 어떻게 얘기해야 되지?' 이러시는 거잖아요. 쫄아서 그런 거죠. 좀 뻔뻔스럽게 해야 돼요. 잘 말하려고 하지 말고요. '무식한 내 얘기 한번 들어 볼래?'라는 뻔뻔스러움을 가지세요. 무슨 소린지 아시겠죠? 대학원 수업에서 지적인 얘기들 많이 하잖아요. 그럴 때 진짜 뻔뻔스러운 사람은 이러는 거예요. '내가 살아 봤는데 잘도 그렇겠다.' 이 한마디만 하면 돼요.

대학원 사회에서 뭔가 지적인 척하는 놈들이 고상하고 난해한 이야기를 하면, '쟤는 정말 똑똑하네. 나는 무슨 말인지 하나도 모르겠는데'라며 주눅이 들고 완전히 쫄죠. 하버마스가 어쩌고, 푸코가 어쩌고, 니체가 어쩌고 하면 일단 기가 질리잖아요. 그럴 때는 니체고 나발이고 '걔네들 이야기가 무슨 말인지 잘 모르겠는데? 어쨌든 느낌상 아닌 것 같아'라고 그냥 이렇게 얘기하면 돼요. 여러분이 살고 경험한 만큼만 얘기하면 돼요. 하늘이 무너져도 그건 진실이니까요.

그런데 철학자들이나 지식인들 대개는 자기도 경험하지 못했던 얘기를 뻐꾸기처럼 계속 날리는 거예요. 거기에 휘어잡히면 안 돼요. 쫄아서는 안 돼요. 지적으로 보이려고 해서는 안 되죠. 그래서 거기 말리는 거예요. '음, 무슨 이야기인지 모르겠어요, 선생님' 이렇게 뻔뻔스럽게 이야기를 할 수 있어야 해요. 대학원 수업 받는 사람들 보면 알아듣는 척해요. 교수가 하는 말 무슨 얘긴지 모르겠죠? 그러면 이렇게 얘기해야 돼요. '선생님, 무슨 말인지 모르겠어요.' 이 뻔뻔스러움이 없으면 못 배워요. 대학원에 가서 '무슨 말인지 자세히 좀 설명해 주세요'라고 한마디 하세요. 그러면 대부분의 경우 그 사람들도 설명을 못해요. 심지어 교수도 설명을 잘 못해요. 그때가 되면 알죠. '자위도 못하는 아이들이구나. 판타지만 가지고서 떠드는구나.' 자기가 살아간 만큼만 이야기하면, 그 이야기는 진실이에요. 아셨죠? 어떤 철학자, 어떤 예술가를 만나도 그렇게 이야기할 수 있으면 돼요. 김기덕 감독을 만나도 '감독님 작품은 영 더러워요. 저는 그런 거 못 겪어 봤는데요?' 이렇게 얘기하면 돼요. 김기덕의 세계를 아는 것처럼 말하진 말자고요. 뻔뻔해야 되거든요. 어려운 이야기를 알아듣는 것처럼 해야 그 사람한테 사랑받을 거라고 생각하는 건, 어린아이 같은 거예요. 고개를 갸우뚱거리면서 '이상한데요? 그게 맞아요? 말이 돼요?'라고 얘기할 수 있어야 대학원 생활을 해도 좋은 학자가 되죠. 남 흉내 안 내고요.

상대방이 싫어할까 전전긍긍, 쫄지 마!

저는 어렸을 때부터 지금까지, 누구한테 상처를 주느니 내가 받는 게 낫다는 마음으로 사람들을 대해 왔습니다. 그래서인지 저를 특별히 싫어하는 사람을 만난 적은 별로 없습니다. 그런데 그렇게 살다 보니 사람들이 부탁을 하면 잘 거절을 못하고, 상대방이 불편해 하지 않을까 전전긍긍해 하며 쫄아 있게 됩니다. 이런 상태에서 이제는 벗어나고 싶습니다. 어떻게 해야 할까요?

일단은 방법을 알려 드릴게요. 상대방의 제안에 바로 '예스'라고 하지 않기. 누군가 여행을 가자고도 하고 뭘 같이 하자고도 하죠? 그럴 때 '일주일 뒤에 메일로 내 뜻을 알려 줄게', 이렇게 말하세요. 우리는 그 사람한테 잘 보이고 싶어서 '예스'라고 해 놓고, 집에 가서는 고민하잖아요. 집에 가서 '아, 어떻게 하지?' 이러지 말라니까요. 앞에 있는 사람이 내가 '노'라고 하면 나를 싫어할 거 같아서 그러는 거잖아요. '자세한 건 메일로 제가 연락 드릴게요'라고 얘기를 해서 시간을 두세요. 바로 '노'라고 할 수 있으면 더 좋고요.

'싫어', '못 가', '미안' 이러면 돼요. 이러면 되거든요. 그런데 우리는 그렇지 않죠. 이러다가 인간관계 깨진다고 생각해서 웬만하면 질질 끌려다녀요. 그렇게 안 하는 방법은 성급하게 '예스'라고 하지 않는 거예요. 그러면 후회하지 않아요. 그리고 제가 봤을 때 이분은 약한 거예요. 다른 사람에게 다 맞춰 주니까 본인을 싫어하는 사람이 없는 거죠. 다 나를 편하게 만나요. 내가 만만한 거예요. 이 세상에서 '나를 좋아하는 사람 반, 나를 싫어하는 사람 반'이어야 잘 사는 거예요. 아셨죠? 이런 사람이 좋은 사람이에요.

뻔뻔함까지는 아직 요구하기 힘들고, 우선 남한테 싫은 소리 하는 것을 연습하세요. 1년 동안 '노'라고 말하세요. 〔그런데 저는 제가 '노'라고 하는 사람하고는 아예 관계를 끊게 돼요.〕 '노'라고 많이 하셨어요? 〔예. 제가 '노'라고 하고 나면 더 이상 그 사람을 보지 않겠다는 각오를 은연중에 하게 되더라고요.) 본인이 '노'라고 했을 때 받게 될 스트레스를 피하려고 그 사람을 안 만난 거예요. 그동안 '예스'라고만 해 온 거예요. 그래야지만 인간관계가 유지되고 세상이 살 만했던 거죠. 그러니까 '노'라고 하는 순간 스스로 관계를 접은 거죠. 그런데 자세히 보세요. '노'라고 했을 때 상대가 진짜로 나와의 관계를 끊으려고 할까요? 그렇지 않아요. 만약에 '노'라고 했는데 관계가 끊어질 정도의 사람이라면, 그 사람과의 관계는 끊어지는 게 나아요. 그 사람 앞에서는 항상 '예스'라고만 해야 하니까요.

    누군가가 '노'라고 했을 때, 그 '노'라는 것을 받아들일 수도 있어야 되는 겁니다. '노'라는 것이 부정적인 의미이지만 그것도 그 사람의 욕망을 표시하는 거니까요. 그러니 그걸 부정하는 사람은 만날 필요가 없습니다. 그런데 지금 이분은 본인이 '노'라고 하고 그냥 관계를 끊어 버린 거죠. 어차피 내가 '노'라고 했으니 상대방이 나를 버릴 것이라고 생각해서, 자기가 먼저 버리는 것이죠. 모든 관계는 서로 완벽해야 된다고 생각하시는 거예요. 사람이 서 있거나 나무가 서 있으면, 그늘이 생기거든요. 그런데 이분은 지금 그늘 없는 나무를 찾고 있어요. 비가 올 때 비 맞는 게 싫어서 센 강에 뛰어내린 남자 이야기 기억나시죠? 물에 젖으면 괜찮잖아요. 뭔가 이상하지 않아요? 굉장히 관념적인 거죠. 본인이 '노'라고 하니까 관계를 끊는 건 아주 극단적인 거죠. 그 극단성을 피하셔야 돼요. 머릿속에 비 맞는 게 싫어서 비만 오면 센 강에 뛰어들어 미리 몸을 적시는 남자를 넣어 두세요. 그것만 염두에 두면 이상한 방식으로 후회할 행동을 하게 될 때 스스로를 점검할 수 있을 겁니다.

뒷소문에 쫄지 마!

저는 30대의 남성입니다. 몇 년 전, 친하다고 생각했던 친구들 사이에서 저에 대한 안 좋은 이야기들이 돌았던 적이 있습니다. 여자 문제에 관한 것들이었고, 열 가지 이야기 중 두셋은 사실이었지만 나머지는 기억이 안 나거나 사실이 아닌 이야기들이었습니다. 회사에서도 능력도 없고 끈 따라왔다는 이야기도 돌았고요. 결국 저는 회사를 그만두고 여행을 다니며 한동안 쉬는 시간을 가졌습니다. 그리고 이제 다시 새로운 일을 시작하려고 합니다. 그런데 대학 친구들도 회사 사람들도 모두 뒤에서 나에 대한 안 좋은 이야기를 했다는 생각이 들어

> 새로운 사람을 만나고 관계를 맺는 일이 너무 힘들어져 버렸습니다. 적극적으로 관계를 맺는 데 소심해졌습니다. 어떻게 해야 할까요?

일단 메신저는 끊으세요. 모조리 끊으세요. 여러분들을 평판하는 것들을 일단은 끊어 버려야 돼요. 귀담아 듣지 마세요. 사오정처럼 말이에요. 그걸 자꾸 보게 되는 게 일단 문제고, 다른 사람들이 어떤 얘기를 했을 때는 뻔뻔해지면 돼요. 한술 더 떠서 사실 내가 권력자인 그 여자와 내연의 관계라는 둥, 사람들 헷갈리게 본인이 이야기를 더해 버려요. 어렵지 않아요. 지금 자꾸 진실의 문제로 들어가시잖아요. '이건 사실이 아니고, 저건 사실이고'라는 식으로요. 스스로 법정에 서신 거죠. 사람들은 남 말하기 좋아해요. 사람들은 남의 불행으로 자양분을 얻으면서 자기 행복을 영위하거든요. 주변에 친구들 잘 보세요. 나보다 힘들게 사는 친구 한 명은 꼭 있지 않나요? 그 아이를 만나면 희망이 생기지 않던가요? '나는 그래도 살 만해' 이런 식으로 사람들은 남의 불행을 먹고살거든요. 다 그러고들 사는 거니까 너무 심각하게 생각하지 말아요.

〔제가 주변 사람들을 대할 때 거짓말을 잘 못하겠어요.〕
거짓말을 하세요. 여러분들이 진실된 카드를 던지면 상대방도 진실된 카드를 내밀어야 되는데 그런 사람 만나기는 상당히 힘들 거예요. 여러분들이 카드를 던지면 그 사람은 여러분의 패를 읽고 여러분들을 공격하거나 편하게 지배할 겁니다. '아는 게 힘이다'라는 말도 있잖아요. 진실을 이야기한다는 건 '모 아니면 도' 게임으로 가는 거예요. 진짜 완벽해지거나 완전히 버려지거나. 친구한테 괜히 솔직히 얘기한 거예요. 물론 어느 경우에는 진실을 말해야 할 시간이 올 겁니다. 사랑하는 사람을 만날 때, 대등한 적과 맞짱 뜰 때 말이에요. 이런 순간에는 나의 모든 것, 나의 모든 카드를 상대방 앞에 까서 던져야 합니다. 이런 경우를 제외하고는 뻔뻔스럽게 거짓말을 하도록 노력하셔야 합니다. 열심히 해야 경지에 오를 수 있어요.

〔중·고등학교 때는 학교에서 평판이 안 좋은 아이였는데 대학도 가고 취업도 하면서 어느 순간 주위에서 인정을 해 주는 거예요. '인정해 주니까 좋구나'라는 생각이 들었어요. 그런데 어느 순간 사람들이 겉으로만 인정하고 뒤로는 인정하지 않는다는 걸 알게 되어서 힘들어진 것 같아요.〕 진정한 인정을 원하세요? 후배들은 본인이 회사에서 나갔으면 해요. 저 인간이 나가야 내가 승진을 하는 거예요. 누가 인정을 하겠어요? 인정받을 생각 좀 하지 마세요. 인정받으려는 인간은 구원이 안 돼요. 예수가 나타나도 구원 못해요. 모세가 와도 가나안 땅으로 못 끌고 가요. 절대 못 가요. 그래서 뻔뻔스러워져야 된

다는 강령을 이야기해 드린 거예요. 사람들이 겉으로는 반갑게 인사를 하는데, 속으로는 나한테 뭐라고 그런다는 거잖아요. 본인이 원하는 건 속으로도 인정을 받았으면 좋겠다는 거죠. 사실은 그게 필요하잖아요. 그런데 그걸 왜 직장에서 찾는지 모르겠어요. 직장에서 그걸 왜 찾아요? 돈 벌러 간 거 아니에요? 거기에 인정받으러 가셨어요?

'누구도 나를 모른다'라는 생각을 가지고 계세요. 어떤 사람도 자신을 몰라요. 심지어 애인도 나를 모를 수 있어요. 여러분 스스로도 여러분을 모르는데요, 뭘. 다른 사람들이 알기를 기대하지 마세요. 우리가 과도한 이상을 가졌을 때 힘들어지는 면이 있거든요. '인간은 서로를 알아야 한다'라는 판타지, 정직함의 판타지가 우리의 관계를 더 힘들게 만든다고요. 사람들에게 일하는 시간은 대개 고역이에요. 문제는 '그 고초를 겪고 직장에서 나왔을 때 내가 행복할 수 있는지'라는 거죠. 내가 돈을 버는 이유는 내가 행복하기 위한 건데 일하는 곳에서 행복하지 못하면, 다른 곳에서 행복을 찾아야 합니다. 결국 직장 안과 직장 밖을 정확하게 분리해야 되는 거죠. 직장에서 인정받으려고 하면서 동시에 돈도 벌려고 해서 그래요. 절대 그런 짓 하지 마세요. 인정받으려고 하지 마세요. 그래서 직장에서는 주변 사람 의식하지 않는 디오게네스처럼 다른 식의 제스처가 필요한 거예요.

후배 녀석들, 안 챙겨도 돼!

저는 군대를 다녀와서 대학에 복학한 남학생입니다. 제가 스스로 가장 한심하다고 느끼는 것은 바로 후배들 앞에서도 쪼는 저의 모습입니다. 남녀 불문하고 제가 선배로서 어떻게 해야 할지 잘 모를 때가 많습니다. 그래서 친한 후배들이 거의 없습니다. 제가 할 수 있는 것은 오직 밥을 사 주는 일입니다. 돈 쓰는 게 제일 편합니다. 어떻게 하면 후배들과의 관계에서 쫄지 않고 강해질 수 있을까요?

여러분들이 제일 모멸감을 느끼는 경우 중 하나가 후배들이 여러분들에게 욕을 할 때잖아요. 후배들이 여러분을 음해하거나 무시하면 힘들죠. 이것도 인정의 문제인 거예요. 왜 선배 노릇을 하려고 그러세요? 어떤 사람을 만나지 않겠다고 결정을 하고 실천할 수 있는 사람만이 누구를 만나려고 결정하고 그것을 실행할 수 있는 거예요. '노'라고 말하는 사람만이 '예스'라고 할 수 있는 것과 같은 이치죠. 어떤 과에 있고 어느 회사에 있느냐에 따라 얻어걸리는 대로 선배가 되고 후배가 되죠. 여러분들은 관계를 만든 적이 없어요. 그런데 거기에

다 맞추는 거잖아요. 그거 하지 마세요. 안 하시면 돼요. 다 쓸데없는 짓이에요. 하실 필요 없어요. 어쩔 수 없이 후배들을 잘 챙겨 주고 있잖아요. 그들에게 '노'라고 못 해서, 그들에게 잘 보이려고 해서 생기는 문제예요.

　이런 나약함에서 벗어나는 좋은 방법이 하나 있어요. 후배들이 밥을 사 달라고 하면, 다 불러 모아서 꽃등심을 사 주겠다고 하세요. 그리고 계산하지 말고 먼저 가세요. 모든 게 해결돼요. 대신 이게 단점은 많아요. 후유증이 있죠. 후배들이 나를 멀리할 거예요. 그런데 그건 상관없어요. 뻔뻔하기 때문에 다시는 후배들한테 안 쫄고, 쫄 일도 없어지죠. 그러면 강해져요. 강해지실래요? 〔예, 강해지고 싶습니다.〕 후배들한테 인정받는 게 목적이에요, 강해지고 싶은 거예요? 둘 다를 다 가지고 싶은 거예요? 진짜 위대한 사람은, 혼자 있는 사람이에요. 혼자 있을 수 있는 사람만이 누군가를 만나서 주체적으로 사랑할 수도 있어요. 누구든 외로워서 사랑하면 안 되는 거예요. 어떤 사람이 도도하게 혼자 있는 것을 보면 그 사람이 얼마나 성숙한지를 알 수 있죠. 힘들거나 외로울 때 친구한테 전화하지 말아요. 아셨죠? 절대 외롭다고 놀아달라고 하지 말기. 강하게 꿋꿋하게 슈베르트 음악을 들으면서 견디는 거예요. 우아하게.

　잊지 마세요. 뻔뻔스럽게 대하고 세계와 단절하는 것은,

우리가 이 세계에 쫄지 않는 하나의 방식입니다. 이 뻔뻔스러움을 이해하는 사람을 만났을 때, 우리는 진정한 친구와 애인을 가질 수 있어요. 잊지 마세요. 그때가 되어서야 진짜 만날 수 있는 거예요. 제가 가르쳐 준 대로 하면 왕따 당하고 패가망신하고 집에서는 쫓겨날 것 같죠? 여러분 주변의 쓰레기 같은 사람들, 내가 결정하지 않은 인간관계들이 다 정리가 되는 거예요. 그러고 나서 새로운 관계가 열립니다. 여러분들은 손에 그 사람들을 쥐고 여기 와서 고민 상담을 하죠. 고민을 하면서조차 그 사람들을 쥐고 있는 거예요. 그런데 그 사람들을 계속 쥐고 있으면 다른 사람을 못 잡습니다. 무슨 말인지 아시겠죠? 그러니까 걱정하지 마시고, 제가 가르쳐 준 대로 하시면 돼요. 이혼의 매력이 뭔지 아세요? 새로 누구를 만날 수 있는 가능성이 열린다는 거예요. 그게 얼마나 좋아요. 친구들이랑 관계가 안 좋아졌다면, 새로운 친구들과 새로운 시간을 보낼 수 있는 가능성이 열리는 거예요. 얼마나 좋아요?

여자 앞이라고 쫄지 마!

스물세 살, 진성 모태솔로 남성입니다. 저는 여자 앞에

> 만 서면, 말을 하고 싶어도 너무 떨리기만 하고 무슨 말을 해야 할지 몰라 멈칫하게 됩니다. 알고 지내던 여자 동기가 저한테 말을 걸었는데 너무 갑작스러워 저도 모르게 쓰러진 적도 있습니다. 군대도 갔다 왔고 이제 더 이상 이렇게 살고 싶지 않습니다. 정말 달라지고 싶습니다. 어찌 해야 할까요?

제가 얘기했잖아요, 자기가 가 보지 않은 세계에 대해 우리는 쫀다고요. 관계를 좋게 하자고 그러는데 졸도를 해 버려요? 본인이 그 문제에 관해서는 뻔뻔스러울 정도로 명확하게 해야 돼요. 왜 여자를 만나려고 그러는지. 여자의 부드러운 가슴이 좋은 건지, 안고 있으면 좋은 건지. 굉장히 정직해야 돼요. 자신의 기대가 무엇인지 봐야 한다는 거예요. 남자를 봤을 땐 괜찮고 여자를 봤을 땐 쓰러지는 이유를 물어보고 싶은 거예요. 겉보기와 달리 여성을 성적인 대상으로 보고 있는 것 같아요. 뭔가 특별하게 생각하는 것이나 내가 무의식적으로 욕망하는 것이 기적적으로 내게 갑자기 주어지면, 우리의 감정은 고양되어 통제할 수 없이 폭발할 수 있어요. 왜 첫 경험을 할 때, 모든 남자는 자기 흥분에 이르러 속절없이 일찍 사정하게 되잖아요. 섹스에 대한 판타지가 많아서 직접 관계도 갖기 전에 과도하게 흥분한 겁니다.

〔여자와 대화했던 경험이 오랫동안 없었으니까요. 이전에 했던 대화들은 감정적인 대화가 아니라 일상적이고 업무적인 대화였거든요. 학창시절에도 시험지 좀 넘겨 달라거나 지우개 좀 주워 달라거나 하는 굉장히 사무적인 대화들만 했었고요.〕 스톱! 모든 여자는 말 걸었다는 이유 하나로 자신에게 관심이 있다고 생각해요. 그런데 본인은 그 대화가 사무적이래요. 왜 걔보고 지우개를 주워 달라 그래요? 자기가 주우면 되잖아요. 사무적이지 않아요, 이거. 저는 이성과의 관계가 사무적이라는 생각이 성적으로 보여요. 사무적인 관계라고 말하는 이유가 뭔지 아세요? 성적 판타지나 욕망이 충족되지 않을까 봐 미리 성적인 걸 제외하는 거예요. 어떤 이성에게 접근하다가 상대방이 나를 멀리할 것 같으면 '우리는 친구로 지낼 거야' 이렇게 얘기하는 사람들 있잖아요. 자신은 그 여자를 이성으로 보는데, 이제 빼도 박도 못하고 동료로 봐야 되는 거죠.

〔그런데 진짜 사무적인 대화였어요.〕 아, 답답해 죽겠네.(웃음) 잘 봐요. 커플이 연애를 해요. 두 커플이 카페에서 얘기를 하죠. 어제 기사 본 얘기도 하고, 시시콜콜 이런저런 얘기들을 하죠. 두 사람이 그렇게 얘기하는 게 서로의 관계예요. 정보 전달하는 거 같아요? 진짜 그렇게 사람 만나요? 그럼 이렇게 얘기하면 되잖아요. '자세한 얘기는 메일로 보내죠.' 그게

목적이에요? 정보 전달하는 거? 연인들 이야기하는 거 녹음해 봐요. 개소리들이에요. 쓸데없는 얘기들만 해요. '어제 〈무한도전〉 봤니? 까르르.' 할 얘기가 없잖아요. 할 얘기가 없으니까 이제 영화 보러가요. 그런데 두 사람이 같이 있는 이유가 뭘까요? 성적인 거란 말이에요. 바닥에는 깔려 있어요. 성적인 것이 반드시 섹스를 얘기하는 것은 아니고요. 다른 문제예요.

전 이런 분들이 더 음란하다고 생각해요. 그냥 뻔뻔한 사람들은 쿨해요. 이런 사람들은 키스하자고 했는데 상대방이 싫다고 하면 바로 다른 거 하고 놀자고 해요. 그런데 이분 같은 경우는 계속 이런 생각을 하고 있는 거예요. '성적인 걸 배제해야 된다. 사무적으로 보자, 사무적으로 보자.' 제일 음란해요. 진짜 성적인 거 배제하고 봤어요? 여자를 그냥 좀 편하게 만나요. 여자를 너무 성적인 대상으로 보고 있어요. 여자는 성적인 관계거나 사무적인 관계거나 둘 중에 하나라고 생각하는 겁니다. 성적 판타지가 너무 센 분인 거예요. 자신에게 솔직해져야 돼요.

〔그러면 지금 당장 실천할 수 있는 행동지침에는 어떤 게 있을까요?〕 일단은 포크댄스나 사교댄스 동아리에 들어요. 거기서 여자의 허리를 잡고 춤을 춰요. 한 학기 동안. 그러면 돼요. 거기서 춤추다가 또 쓰러지진 말고요. 언젠가 여자가 탱고와 살사와 같은 춤을 제안해도, 쿨하게 춤을 즐길 수 있을 때

가 올 겁니다. 이런 식으로 시간이 점점 흐르고 경험이 쌓이면 여자의 몸, 그러니까 성적 대상으로서의 여자에 대한 판타지가 많이 사라질 겁니다. 좌우지간 우리는 경험하지 못한 것에 대해서만 판타지를 갖고, 그만큼 두려움을 느끼고, 마침내는 그것에 대해 쫄게 되는 거니까요.

남자 친구에게 끌려다니지 마!

저는 스물한 살 처자입니다. 저는 혼자 있는 시간을 잘 견디지 못하고 항상 누군가를 찾게 됩니다. 그렇게 이성 친구를 몇 차례 사귀어 왔습니다. 지금도 만나는 남자 친구가 있습니다. 만날 때는 주로 남자 친구가 계획하거나 하고 싶어 하는 일을 같이 하면서 시간을 보냅니다. 저는 딱히 제 주관이 뚜렷하지 않아서 남자 친구와의 관계에서뿐만 아니라 평소에도 뭘 해야 할지 모르겠고 하고 싶은 게 없어 무기력할 때가 많아요. 그런 제 자신이 무능하게 보입니다. 그래서 자꾸 남자 친구가 하자는 대로 끌려 다니는 것 같고, 하기 싫은 것도 억지로 웃으며 하게 될 때가 있고요. 밥을 먹을 때도, 제가 먹

> 고 싶은 게 떠올라도 상대방이 먹고 싶은 걸 먼저 묻게 되고 거기에 따릅니다. 항상 이런 식이다 보니, 모든 관계에서 여기저기 끌려다니게 되고 쫄아서 제 생각은 잘 말도 못합니다. 개선할 수 있는 여지가 있는 걸까요?

🎤

　자기중심 찾는 법을 먼저 알려 드릴게요. 자기가 좋아하는 걸 다른 사람 눈 의식하지 말고 다 해 보는 거예요. 나 자신이란 존재는, 내가 좋아하는 것으로 설명해야 되기 때문이에요. '내가 슈베르트를 좋아한다', '나는 커피를 좋아한다'. 이게 나예요. 그리고 어떤 사람을 이해하는 것도 별게 아니죠. 그 사람이 뭘 좋아하는지 아는 거잖아요. 그 사람은 커피를 좋아하고, 영화를 좋아한다. 이걸 아는 거 아니에요? 저 사람이 변했다는 건 뭐예요? 저 사람이 영화를 좋아했는데 이제 영화를 좋아하지 않는 거예요. 예전에 커피를 좋아했는데 이제 좋아하지 않는 거예요. 그럼 변했다고 하는 거예요. 우리 자신을 설명할 때, 진짜 내가 좋아하는 것들이 무엇인지 리스트를 작성해 보세요. 그 리스트를 작성하다 보면 생각보다 많이 없다는 생각이 들 거예요. 왜 그럴까요? 우리는 다른 사람들이 원하는 것을 내가 원하는 것으로 착각하면서 살았기 때문이에요. 물론 그렇게 했던 이유는 아기처럼 칭찬받고 예쁨받으려고 그랬던 거죠.

지금부터라도 많은 것들을 스스로 해 보면서 내가 좋아하는 게 뭔지 점검을 해 보셔야 돼요. 그리고 그걸 지키셔야 돼요. 디오게네스가 방귀를 뀔 수 있는 논리는 뭐예요? '뀌고 싶으니까.' 뀌고 싶으니까 뀌는 거예요. 좋아하고 하고 싶은 걸 많이 찾으셔야 돼요. 아마 이분은 오늘 성욕이 좀 느껴진다고 해서 남자에게 같이 있자고 하진 않을 거예요. 남자 친구가 '오늘 같이 있을래?' 그러면 같이 있겠죠. 어떤 남자를 보고 '오늘 저 남자를 꾀어 보겠다' 이런 적 있어요? 없죠? 거기서부터가 문제예요. 지금 그걸 벗어나려면 남자 친구에게 뻔뻔스러워져야 해요. 남자 친구가 무언가 요구를 할 때, 하기 싫으면 싫다고 말하세요. 그리고 남자 친구가 굳이 사랑을 하고 싶어 하지 않을 때라도 본인이 원한다면, 잠자리로 꾀는 거죠. 거짓말을 해요. '내가 아파서 모텔에서 좀 자야될 거 같아' 이렇게 요구를 해서, 그때 욕망을 푸는 거예요. 안 해 봤죠? 더 뻔뻔스러워져야 돼요. 절대 사랑하고 싶지 않을 때 남자 친구라는 이유로 같이 잠자리에 들지 말 것. 무슨 소린지 아세요? 계속 '노'의 상태인데 남자친구라는 이유 때문에 받아들이잖아요? 그러면 나중에 본인은 욕망도 없어지고 죽은 것처럼 회색빛으로 변해요.

'노'라고 하셔야 돼요. '노'라고 할 수 있는 사람이 '예스'

라고 할 수 있는 사람이에요. '노'를 못 하는 사람은 '예스'를 못 해요. 죽을 때까지요. '예스'의 배경은 항상 '노'여야 해요. 어떤 사람이 계속 '싫어'라고 얘기했다가 언젠가 '좋아'라고 한다면 진짜 좋은 거예요. 그런데 계속 좋다고만 한다면, 그 사람이 상태가 안 좋거나 성인군자인 거죠. 그런 사람은 데리고 있으면 안 돼요. '노'라고 하는 사람만이 '예스'라고 얘기할 수 있어요. 머릿속에 항상 넣어 놓으셔야 돼요. 나는 얼마나 '노'라고 하고 있는지를요. 그만큼 여러분은 쫄지 않고 당당하게 사실 수 있을 거예요.

이혼했다고 쫄지 마!

저는 서른네 살의 돌싱 여성입니다. 저는 평범한 가정에서 1남 2녀 장녀로 자랐습니다. 어렸을 때는 온가족과 친척들에게 예쁨을 받고 자랐고 말썽꾸러기 여동생 덕분에 모범생 이미지도 유지했습니다. 이혼한 남편과는 연애를 해서 결혼한 것이었고요. 연애를 할 때는 정말 세상에 그 사람밖에 안 보였어요. 그런데 어느 순간 '난 이 사람에게 식모만도 못한 존재가 되어 있구나'를

> 느끼게 되었고, 그걸 더 이상 부정할 수 없는 정도에 이르렀습니다. 심지어 저희 부모님마저 그것을 눈으로 보고 느끼게 되셨을 때, 저는 모든 것이 끝났다는 걸 인정할 수밖에 없었고 그렇게 이혼을 하게 됐습니다. 그 이후 부모님 집에 돌아온 지 1년이 넘어가지만 아직도 세상 밖에 나오는 것이 너무나 두렵습니다.

이분이 집으로 들어간 것은 굉장히 뻔뻔스러운 행위라고 봐요. '갈 데 없어' 뭐 이러고 그냥 쿨하게 들어가신 거예요. 여기에 희망이 있죠. 여러분들이 취업이 안 됐거나 소위 사회에서 인정받는 성과를 못 냈을 때, 집에 못 가죠? 부모님, 친척들이 오면 걱정하는 표정을 짓거든요. '넌 불행한 것 같아' 이런 눈빛으로 나를 봐요. 전형적인 가족의 문제죠. 그런데 사실 그분들은 여러분을 별로 신경 쓰지 않아요. 한마디로 여러분은 술자리의 안주거리일 뿐이에요. 술만 깨면 절대로 기억하지 못하는 안주거리요. 그분들은 할 얘기가 없어서 여러분 얘기를 꺼내는 거예요. 신경 쓸 필요 하나도 없어요. 그리고 결혼한 친구들이 이혼했다고 하니까 막 걱정해 주죠? 부러운 거예요. 그걸 잊지 마세요. 언론들은 한국 사회의 이혼율이 늘었다고 하지만, 이건 재혼율의 현저한 증가를 의미하기도 해요. 옛날에는 뭣 모르고 결혼해도 끝까지 갔잖아요. 지금은 재혼하죠. 게다가 결혼의 경험까지 쌓았잖아요. 지금 여기에 하나만 더 갖추시면 돼요. 뻔뻔스러움이죠.

　친구 관계에서도 항상 여러분이 생각해야 되는 게 있어요. 여러분이 불행할 때 친구들이 모일 거예요. 왜냐하면, 여러분들의 불행을 보면서 나는 그 불행에 빠지지 않고 행복하다는 것을 느끼려고 모이는 거예요. '나는 얘보다 낫다. 남편과 사이는 좋지 않지만 이혼하지는 않았으니까'라는 이상한 자부심으로 불행한 자기 집으로 귀가할 친구들이에요. 진짜 친구는, 여러분들이 행복했을 때 질투하지 않고 오는 친구들이에요. 지금 우리들의 친구 관계는 다 해체해야 돼요. 고통의 공동체 같은 거예요. 인간은 다 그래요. 불행을 좋아해요. 불행을 안주거리로 삼고요. 연예인들 사고 터지면 난리 나잖아요. 신나잖아요. 그건 '나는 연예인이 아니라서 다행이다'라고 하고 있는 거예요. 어떤 연예인이 인기를 끌다가 추락했을 때 자신은 연예인이 아니라서 다행이라고 생각해요. 우리에겐 이런 심리적 메커니즘이 있어요. 한 번 이혼을 해 보셨잖아요. 이제는 자유로워지세요. 굉장히 많은 소득을 얻으신 거예요. 신경 쓰지 마세요. 이혼은 전 지구가 다 반대해요. 그런데 이혼할 때 사람이 어른이 되는 거죠. 안 쫄아야지 이혼을 해요. 경제적 문제에서부터 모든 것에 쫄지 않아야 할 수 있어요. 한 번 서신 여러분이 불행할 때 친구들이 모일 거예요.
여러분의 불행을 보면서 나는 그 불행에 빠지지 않고 행복하다는 것을
느끼려고 모이는 거예요. 지금 우리들의 친구 관계는 다 해체해야 돼요.

거예요. 지금 행복하신 거예요.

옛날에는 이혼을 하면 산에 가서 죽거나 양잿물을 먹거나 이랬어요. 왜냐하면 아버지가 항상 얘기하거든요. '그 집에 뼈를 묻어라.' 지금은 그냥 돌아오시면 돼요. 이혼하시고 가방 들고 집에 가서서 뻔뻔스럽게 '엄마, 난 엄마가 좋아요. 사랑해' 하고 들어가 살면 돼요. '내 방은 잘 있지?' 이렇게요. 엄마한테 쫄고, 세상한테 쫄면 거기서 가방 들고 집에 못 가고 산에 가서 죽는 거예요. 어디 가려고요? 이용할 수 있는 건 다 이용해야죠. 뻔뻔스럽게요. 처음에 그 정신 있죠? 집에 들어갔던 비장한 정신. 그게 뻔뻔스러운 정신이거든요. '집 나가면 개고생이다. 구박이 심하지 않으면 부모님 집에 있자. 돈도 절약하고 얼마나 좋아' 이런 뻔뻔한 정신을 지키세요. 수첩에 적어 놓으세요. '뻔뻔! 세상에 나의 뻔뻔함의 바닥을 보여주리라!'

사람들은 다 똑같아요. 저도 느꼈었고 다른 분들도 아마 느꼈을 거라고요. 타인에게서 온 상처는 보통 타인으로 해결돼요. 그런데 그 상처를 가지고 집에 있잖아요. 해결이 안 되고 상처만 남아요. 절대 까먹지 마셔야 돼요. 헤어진 남편을 붙잡다가 손을 데었잖아요. 뜨거워서 데었단 말이에요. 가만히 있으면 화상으로 오래 아플 거예요. 그런데 차가운 것들도 있어요. 이런 것들을 잡아야 화상의 고통이 완화될 수 있습니다. 차가운 것을 잡으려고 노력하세요. 내게 다시 화상의 고통을 안

겨 줄 남자가 아니라 서늘하고 쾌적한 느낌을 줄 남자를 찾아야 해요. 지금 절개를 지키면 누가 좋아요? 헤어진 남편이 좋아하죠. 지금 그러면 안 돼요. 그와 관계를 끝냈다면, 다른 남자를 만나고 있을 거예요. 거꾸로 말해도 좋아요. 상처를 주지 않는 다른 남자와 사랑에 빠져야, 헤어진 남편과의 관계도 제대로 극복된다고요.

지금이 기회예요. 뻔뻔스럽게 남편 잊어버려요. 앞으로도 다 뜨거울 것이라 생각하지 말고요. 이게 해결돼야 되거든요. 상처가 타인으로부터 왔잖아요. 어떤 남자로부터 온 상처잖아요. 이거 치유하셔야 돼요, 반드시. 그런데 이건 다른 걸 잡음으로써 치유됩니다. 그렇게 잡음으로써 예전 남편이랑은 진짜 그때 결별하시는 거예요. 오직 그렇게 되었을 때만 과거 남편과의 예뻤던 기억도 떠오르게 될 거예요. 그래서 자주 바깥으로 돌아다니셔야 돼요. 세상에 남자는 이런 애도 있고 저런 애도 있고 이런 아저씨도 있고 저런 아저씨도 있어요. 얼마나 다행이에요. 너무 상처를 깊게 응시하지 마세요. 상처는 너무 자주 만지면 덧날 수도 있으니까요. 뻔뻔스러워지라는 말을 잘 음미해 보세요.

어린 시절 기억에 쫄지 마!

올해 서른넷 여성입니다. 제 아버지는 굉장히 권위적이고 폭력적인 분이었습니다. 일곱 살 때 처음 아버지에게 뺨을 맞은 기억이 있고 형제와 다툼이 있었던 날은 자신의 허리띠를 풀어 때리기도 하셨습니다. 초등학생 때 어머니가 아버지에게 맞아 눈가에 멍이 든 것을 보고 그 이후로는 절대로 아버지에게 반항하는 행동을 하지 않았습니다. 다른 형제들은 아버지 마음에 들지 않는 행동으로 야단을 들을 때도 많았지만 저는 독립을 하기 전까지 내내 아버지의 눈치를 보면서 살았습니다. 지금 제가 힘든 건, 지난 기억들 때문입니다. 아버지가 했던 이야기와 행동이 다 기억이 납니다. 최근에 상담을 받으면서 오히려 그게 더 선명해졌어요. 문제는 어렸을 때의 폭력적인 아버지와 지금 노인이 되어 약해진 아버지의 모습이 매칭이 안 되는 거예요. 이제 아버지께서는 전화도 자주 받길 원하시고 엄마와 자기와의 통화량을 비교하시면서 서운해 하시기도 합니다. 솔직히 말씀드리면 아버지가 했던 행동에 대해서 사과를 받고 싶어요. 독립을 하면 내 마음대로 편하게 지낼 수 있을 거라 생각

> 했지만 오히려 세상이 무섭고, 사람이 무섭습니다. 잔뜩 쫄아 있습니다. 이 모든 게 어린 시절 기억 때문이라는 생각이 들어 너무 힘듭니다.

　상처를 응시하지 마세요. 상처에는 놀라운 특징이 하나 있어요. 그 상처 난 딱지를 자꾸 건드리면 계속 피가 나고 곪지요? 지금 본인은 그렇게 하고 있는 거예요. 그건 흉터로 그냥 남는 거예요. 돌아가서 긁지 마세요. 그걸 의식하고 생각만 하는 그 순간, 사랑받아야 되는데 폭력을 당했던 꼬맹이 시절의 나로 돌아가는 거예요. 사실 의사가 죽일 놈이죠. 왜 그걸 끌어내요? 상담의 초점이 완전히 잘못 맞춰진 거잖아요. 그 상처를 건드리면 안 되는 거예요. 아버지에게 사죄를 받고 싶어요? 진짜 사죄를 받아도 아버지는 여전히 크게 존재할 겁니다. 아버지에게 인정받으려고 살았죠? 내가 잘못해서 아버지한테 혼났다고 생각하지요? 아버지를 계속 의식하는 건 아버지의 인정과 사랑을 꿈꿔 왔는데 아버지가 그걸 해 주지 않아서잖아요. 상처의 핵심은 인정받고 싶은 마음이에요.

　사실 아버지는 나쁜 분이죠. 아버지에게 따져 보세요. '왜 그랬어요? 왜 때렸어요? 그때 허리띠로 왜 팼어요? 왜 나를 때렸어요?' 이러면 아버지는 기억에 없다고 하시거나 회피하실 겁니다. 아버지는 그 기억을 다 지우셨을 거예요. 참 나쁘죠. 나는 못 지웠는데 자기 혼자 지운다고요. 그게 어른들의 특징이에요. 그래도 내가 작기 때문에 아버지가 커 보인다는 것을 생각해 봐야 해요. 아버지가 커 보이는 이유가 뭔지 아세요? 집중해서 가까이 대상을 응시하면 크게 느껴져요. 멀찌감치 봐야지 작아 보이는 거예요. 지금 계속 이걸 응시하면 안 돼요. 이 상처를 응시하면 응시할수록 유년시절로 돌아갈 거예요. 그런데 돌아보면 아버지는 너무나 노쇠해서 힘이 없어졌죠. 힘이 없어져 가는 아버지의 모습이 본인이 직시해야 될 모습이라고요. 지금 중요한 건, 본인이 어른인가 아닌가의 문제예요. 지금 하셔야 할 게 뭐냐면, 아버지를 안아 드리세요. 아버지를 안아 주는 순간 본인이 어른이 되는 거예요. 용서요? 기억도 안 나는 걸 가지고 뭐라고 할 거예요? 남의 인정을 바라지 말아요. 그냥 안아 주세요. 아버지를 안아 주고 뻔뻔스럽게 얘기하면 돼요. '고마워요. 금지옥엽으로 키워 주셔서.' 이렇게 하면서 어른이 되는 거예요.

    이제 아버지한테 인정을 받을 시기는 지났고, 본인이 아버지를 인정해 줘야 돼요. 지금 아버지가 인정받고 싶어 한다고요. 잔인하게 복수할 건가요? '네가 나한테 했듯이 나도 네 나이 됐으니 똑같이 한다. 절대로 너 인정 안 해 줘' 이렇게 하면, 본인이 아버지랑 똑같은 거예요. 아버지랑 똑같이 하실 거예요? 선택의 여지가 없는 거예요. 아셨죠? 아버지 탓 아니에요. 다 그래요. 불교에 '다반사茶飯事'라는 말이 있어요. '차 다茶' 자에 '밥 반飯', 그리고 '일 사事'로 이루어져 있지요. 다반사는 불교 용어로 차를 마시고 밥을 먹는 일을 의미해요. 평상시에 항상 하는 일, 신기할 것도 없는 일을 의미해요. 부모들과의 관계는 그런 거예요. 이런 거 다 있으시죠? 용서요? 여러분이 해야 돼요. 부모가 용서를 뭘 해요. 힘없는 사람들인데요. 선택의 여지는 없어요. 갑자기 우울해지는데요? 왜 여러분은 부모님 얘기만 하면 우울해져요? 우울해지지 않았으면 좋겠어요.

피해의식에 쫄지 마!

> 시애틀에서 돌아온 지 얼마 안 된 30대 여자입니다. 저는 교대를 졸업하고 바로 초등학교 교사 자리에 발령을 받았지만, 5년 만에 교사직을 그만두고 미국으로 떠날 수밖에 없었습니다. 제가 취직됨과 동시에 어머니의 빚이 저에게 승계되었고, 제 월급 통장에 차압이 들어왔기 때문입니다. 5년은 어떻게든 견뎌봤지만, 더 참지 못하겠다는 생각이 들었고 결국 전 모든 걸 버리고 미국으로 떠났습

니다. 그 이후로 엄마는 저에게 이기적인 사람이라고 하세요.

아버지는 흔히 말하는 '종합 폭탄세트'였습니다. 술, 여자, 폭행, 무능력, 이 모든 걸 다 갖춘 사람이었어요. 그 영향이라고 생각하는데, 저는 인간이 보이는 공격성에 무지 잘 쪼는 사람이 되어 버렸습니다. 특히 남자가 약간의 공격성이라도 보이면 더 그렇습니다. 지난해, 영국인 남자 친구와 지방에 내려갔을 때 크게 싸운 일이 있었습니다. 대낮에 '뻑큐'를 날리며 욕을 하고, 싸우고 헤어졌습니다. 이때부터 또 제 염통이 쪼그라들기 시작했습니다. '사는 곳을 알고 있는데, 찾아오는 거 아니야?', '문 열면 앞에 있을지도 몰라' 등등의 생각으로 한 달이 넘게 늘 주변을 첩보원처럼 살피고 다녔습니다. 그런 자신을 보며 참 어이가 없고 웃음이 나왔습니다. 못된 성질대로 나불대고, 하고 싶은 대로 살았지만, 마음속에서는 항상 심장이 두근두근 쪼글쪼글함을 느꼈습니다. 범생이로 살았던 아픈 경험 때문일까요? 정말 겉으로만이 아닌 진정한 뻔뻔함과 강철 심장을 무기로 쫄지 않고 살고 싶습니다.

잘 하셨어요. 저 같으면 빛이 들어오자마자 '이건 뭐지?'

하고 바로 뜹니다. 이분은 죽도록 고생 하다가 못 견뎌서 갔잖아요. 그리고 또 이기적이라고 욕먹잖아요. 이기적인 걸 발휘한 다음에 이기적이란 말을 들어야 하는데 빚 갚다가 지쳐서 떠났는데 이기적이란 얘기를 들으니까 속상한 거죠. 아버지 이야기도 언뜻 했지만 우리를 가장 힘들게 하는 것 중에 피해의식이란 게 있어요. 피해를 입어 왔던 유년시절의 경험은, 극복하기가 진짜 힘들어요. 피해를 볼 것 같은 느낌이 계속 드는 거예요. 최초로 만난 남자가 딸한테는 아버지죠. 그 아버지가 어떻게 하느냐에 따라 남자의 이미지는 달라져요. 그런데 폭력에 대한 피해의식을 가지고 있으면, 폭력을 직면했을 때 폭력을 더 크게 느끼게 됩니다.

어머니도 아마 아버지 때문에 희생을 하신 게 있을 겁니다. 한국사회의 한 가지 특징이 있죠. 대개 경제적인 영역은 아버지가 담당을 해야 하는데 그걸 어머니가 감당을 했다면 아버지가 어찌 하셨는지 그림은 나오고, 이 부부의 상황이 자식에게 다 압력으로 오는 거죠. 사실 이 부모가 너무 이기적이죠. '넌 이기적이야'라고 하는 부모처럼 이기적인 부모는 없어요. 대개 부모들은 자기가 뜻하는 대로 자식들이 해 줘야 이타적인 아이라고 생각해요. 우리가 항상 기분 좋게 들어야 될 게 이런 거예요. 부모님이 '넌 이기적이야!'라고 하면, '땡큐!'라고 하시면 돼요. '드디어 내가 나를 위해 사는 걸?' 이렇게 생각하시면 돼요. 누구 좋으라고 이타적인 사람이 되나요?

이기적인 딸이라고 말하는 부모는 속으로 이렇게 생각하는 거예요. '쟤는 내 품을 벗어난 아이다'라는 거죠. 표현만 바꾸시면 돼요. '나는 독립을 얻었어.' 여러분들이 뭔가를 하고 싶을 때 집안 사정 때문에 반대를 겪는 경우 있죠? 그럴 때 여러분이 그걸 그냥 하면, 부모님이 여러분에게 꼭 그러잖아요. 이기적이라고요. 그 말을 귀담아 들으면 안 돼요. 반대로 부모님한테 이기적이라는 말을 들을 수 없다면, 사실 여러분은 자신의 욕망이 아니라 부모님의 욕망대로 살았던 거예요. 남의 욕망대로 살면 노예이고, 자신의 욕망대로 살면 주인이죠. 어차피 주인은 이기적이란 말은 들어야 되는 거예요. 언젠가 여러분들도 나중에 부모님이 되어 자식에게 '넌 이기적이야'라고 할 때가 올 거예요. 아이가 독립적인 개체가 되었다는 느낌, 내 뜻대로 움직이지 않는다는 느낌이 들 때요.

지금 본인이 남자 친구한테 자기주장을 강하게 했기 때문에 스스로 이기적이라고 생각하시잖아요. 그리고 본인이 이기적이니까 본인이 잘못한 거고 그러니 피해를 받을 것 같죠. 그래서 남자 친구가 자꾸 어디선가 나타날 것 같은 겁니다. 이기적이라고 야단칠 것 같은 거죠. 더 이기적으로 바뀌어야 해요. 내 삶을 내가 산다고 그러면 상대 입장에선 이기적으로 보이죠. 외우고 계세요. 주인으로 사는 것이 바로 이기적으로 사는 것이라고 말이에요. 자본가 눈에는 노동자들이 파업하는 건 이기적으로 보여요. 아무리 파업해도 이건희가 좋아한다고 한다면 파업이 이상한 거예요. 뭔지 아시겠죠? 이기적이라는 이야기를 듣는다는 건 드디어 여러분의 길을 가는 거예요. 그런데 여기서 더 성숙해지면요, '아! 저 사람은 멋지게 자신의 삶을 사는걸?' 이렇게 되는 거예요. 주인으로서 자신의 삶을 살아 내려면, 이타적인 우리 자신을 이기적으로 반드시 변화시켜야만 해요. 아셨죠?

앞으로는 이기적이란 말만 들어도 기분이 좋아야 돼요. 누가 '너는 너무 이타적인 거 같아' 그러면 여러분들이 제대로 못 사는 거예요. 식당에서 동료들이 짜장면 시키면, 동료들 눈치 보느라 자기도 짜장면 시켜서 먹고 그러는 거예요. 이타적인 게 이런 거잖아요. 자기가 아니라 남을 이롭게 하는 것, 이것이 바로 이타적인 행동이니까요. 중국집에서 음식을 시킬 때 다른 사람들은 짬뽕으로 통일해도, 이제 여러분들은 비범하고 뻔뻔스럽게 짜장면을 시킬 수 있어야 되는 거죠. 이럴 때 다른 사람들의 눈치를 보면 안 돼요. 아니, 눈치 볼 필요가 전혀 없어요. 짬뽕을 먹었던 많은 사람 중에는 짬뽕이 먹기 싫은데 먹고 있는 사람도 있거든요. 그 사람은 여러분의 당당함을 부러워할 거예요. 누구를 위해 그 사람은 이타적인 거예요? 그러니 당당하게 누구나 이기적이라는 얘기를 들어야 돼요. 이게 좋은 사회고 민주주의 사회로 가는 모습이에요.

　부모님 입장에서 '이 아이가 뻔뻔스럽기 그지없다. 이기적인데?' 이렇게 보일 정도까지 되면, 부모님이 완전히 자식을 어른으로 볼 거고 관계는 재정립이 될 거에요. 여러분들이 부모한테 '아니요'라고 하고, 부모를 죽이고, 부모의 권위와 욕망을 부정해서 나의 욕망, 내가 생각하는 걸 할 때 나이든 부모와의 관계는 다시 구성이 됩니다. 아이가 어른이 되는 유일한 방법은 부모를 죽이는 것이에요. "부처를 만나면 부처를 죽이고, 조사를 만나면 조사를 죽여라. 부모를 만나면 부모를 죽여라"라는 임제 선사의 이야기가 그 이야기인 거예요. 지금 아직도 덜 죽인 거예요. 완전히 죽여서 이기적으로 당당하게 서세요.

이기적인 딸자식, 괜찮아!

　저는 집에서 정말 예쁘기만 한 말 잘 듣는 딸이었습니다. 고등학교 때도 공부를 잘했고, 대학교도 계속 장학금을 받으면서 다녔고, 남들은 취업하기 어렵다고 하는데 저는 졸업하기 전에 취직도 잘 됐습니다. 그런데 회사를 다니면서 제가 좋아하는 일이 아니라는 생각에 그

> 만두게 되었고 지금은 제가 정말 좋아하는 일을 찾으려고 노력하고 있습니다. 그런데 백조 생활이 길어지면서, 부모님 연락이 오면 부담스러워서 저도 모르게 피하게 될 때가 많아졌어요. 서운한 내색을 비치실 때마다 미안한 마음이 들었지만 떳떳하게 내보일 게 없어 더 연락을 못하게 됩니다. 이런 저에게 어머니는 '넌 어쩜 그렇게 이기적이냐'는 말을 하시기도 했습니다. 내 꿈을 찾아 준비하는 이 시간들을 뻔뻔하게 보내고 싶지만, 부모님 전화가 올 때마다 쪼는 이 마음, 죄송하면서도 피하고 싶은 이 마음을 어떻게 해야 할까요?

부모님을 성당에 보내세요. 성당에 모시면 다 해결됩니다. 우리에게 신경을 쓸 겨를이 없을 테니까요.(웃음) 힘든 일이 있거나 사회적으로 자랑스럽지 않은 처지에 있을 때, 여러분들은 부모님한테 연락도 잘 못 하고 찾아가 뵙지도 않으시죠. 그건 부모님들이 여러분들을 그렇게 남루하게 키워서 그런 거예요. 불명예스러운 일이 생겼거나 이혼을 하거나 회사에서 정리해고 됐을 때, 여러분들 중 제일 먼저 부모님 찾아가 볼 분, 한번 손들어 봐요. 이분들은 부모님을 존경하셔야 돼요. 여러분 부모님들은 아무런 조건 없이 여러분들을 사랑하셨던 겁니다.

반대로 딸이 버젓하지 못하니 연락을 못하겠다고 한다면, 미루어 짐작이 되죠. 그건 부모님들이 1등 했을 때 꽉 껴안아 줬었고, 성적 올랐을 때 껴안아 주시면서 여러분들을 키운 거예요. 대부분 우리 부모님들이 얼마나 남루한지 아시겠죠? 사냥감을 가지고 있어야, 1등을 해야 편안하게 들어오게 우릴 키운 거예요. 그러니 완전히 망가져 사회의 지탄을 받을 때, 우리는 부모님한테 안 가잖아요. 자동차라도 한 대 새로 뽑아야 가잖아요. '엄마, 그 새끼랑 이혼했어. 밥 좀 줘요', 이렇게 쿨하게 가야 되는데, 그렇지 않죠. 뭔가를 얻고, 뭔가 커져야지 가요. 부모님은 아쉽게도 지금 그 대가를 받고 있는 거예요.

자식과의 관계나 제자와의 관계는 감나무 심는 것 같다고 해요. 감은 바로 안 열려요. 10년, 15년 있다가 열린다고요. 지금 부모님은 그 과실을 따고 있는 거예요. 본인의 감정대로 하세요. 지금 내 모습이 버젓하지 않으니 연락을 하기 싫다면 그때는 하지 마세요. 그런데 어머님, 아버님이 보고 싶다는 생각이 들면 그때는 연락하세요. 보고 싶은데도 연락을 안 하는 것도 나쁜 거예요. 감정대로 해야 후회를 안 해요. 전화 걸고 싶을 때 걸고, 걸기 싫은 땐 절대 하지 마요. 의무적으론 하지 말아요. 의무적으로 유지하는 인간관계가 제일 끔찍한 거니까요. 이러면 나중에 전화 걸었을 때, 부모님이 너무 좋아하시죠. 내

딸이 나에게 전화 걸고 싶을 때 했다는 걸 알아요. 좌우지간 부모님을 사랑한다면 여러분이 느끼는 대로 대하세요. 여러분들 부모님이 그렇게 못 키운 거예요. 여러분들 탓이 아니에요.

강자 앞에서 용감하지 마!

대학에 와서 비겁하지 않고 솔직하고 당당하게 내 목소리를 내자는 다짐을 했습니다. 정의롭고 옳다고 생각하는 것들에 용기 있게 행동하자는 다짐이기도 했습니다. 그런데 어느 날 꿈속에서 저의 진짜 모습을 보고 말았습니다. 군사독재시절로 돌아간 꿈을 꾸었는데 목숨이 걸린 상황에서 저는 겁을 먹고 제 목소리를 내지 못하는 비겁자였던 겁니다. 작은 일 하나에서도 비겁함이 느껴지는 사람이 정말 별로라고 생각했는데, 꿈에서 저의 진짜 모습을 보고 너무 괴로웠습니다. 쫄아 있는 제가 너무나 부끄럽습니다. 이 타고난 비겁함을 노력으로 없앨 수 있을까요?

왜 내 목소리를 내요? 뻔뻔해야 돼요. 힘이 없을 때 강자 앞에서 솔직하거나 당당하다면, 굉장히 위험해요. 이런 솔직함과 당당함은 그래서 얼마 가지도 않죠. 힘이 없는데 왜 바보처럼 내 목소리를 내요? 그러지 마세요. 힘이 없을 때 내 목소리 내는 거 말이에요. 뻔뻔해져야 된다고 그랬잖아요. 내 목소리를 내는 것보다 더 비범한 정신은 뻔뻔한 거예요. '앤 뭐지?' 이런 느낌이 들도록. 이게 자뻑에 가까운 당당함이 아니라 진정한 당당함을 얻는 지름길이에요. 힘이 없는데도 당당하려고 버티는 건, 여전히 쫄지 않으려고 머릿속에서 그걸 계속 의식하고 있는 거예요. '쫄지 않겠다. 쫄지 않겠다'라고 주문을 외우고 있는 거죠.

제가 재미있는 이야기 하나 해 드릴게요. 어느 보살 할머니가 자신이 성불은 안 되니 스님을 한 명 키우기로 하고 10년 동안을 봉양해요. 그러다가 이 할머니가 스님이 깨우침으로 가고 있는지 밥만 처먹고 있는 건지 궁금해졌어요. 시험을 해 봐야 되잖아요. 그래서 마을에서 가장 섹시한 기생을 데려다가 안겨 줬어요. 그러고 나서 스님의 반응을 보는 거죠. 스님이 어떻게 했는지 아세요? 안아 주면서 기생에게 말해요. "나의 마음은 얼음과도 같다." 그 말을 듣고, 그 보살 할머니가 스님이 있는 암자를 불태워 버려요. 왜요? 억지로 하잖아요. '여자를 탐해선 안 된다. 품어선 안 된다. 흔들리면 안 된다.' 그 흔들리면 안 된다고 생각하는 순간에 흔들린 거예요. 흔들리지 않는다면, '얼음'이라는 생각조차 안 들었겠죠. 쫄고 있는 사람만이 '쫄지 말아야지. 쫄지 말아야지' 다짐하고 생각해요. '쫀다'라는 단어가 머릿속에서 없어져야 되거든요. 무슨 말인지 알죠? 그러니 당당해지지 말고, 뻔뻔해지세요. 그게 안 쪼는 거예요.

 그리고 비겁한 걸 받아들이세요. 자신이 어디까지 비겁한지만 알면 돼요. 이 세상에서 제일 바보가 '모 아니면 도'처럼 살아가는 사람들이에요. 중국 한나라에 한신韓信이라는 장수가 있었어요. 한고조 유방劉邦을 도와서 한나라를 구축했던 유명한 장수예요. 이 한신이 저잣거리에서 깡패들을 만나요. 칼을 든 깡패 열댓 명을 만난 거예요. 깡패들이 한신에게 자기들 가랑이 사이를 기어가라고 해요. 딱 보니까 게임이 안 돼요. 한신이 어떻게 했게요? 쏘 쿨! 기면 돼요. 뻔뻔하게! 그렇다고 그들에게 굴복하는 건 아니에요. 그게 바로 한신이라는 사람이 가진 능력이라고요. 그리고 나중에 힘을 가졌을 때, 나라를 건립한다고요. '완전히 당당해지지 않으면 난 비겁한 사람'이라고 여기는 게 문제거든요.

 여러분 자신을 오버해서 보지 마세요. 여러분이 역사를 바꿀 것 같아요? 집을 바꿀 것 같아요? 어머니를 바꿀 것 같아요? 바꾸지 못해요. 여러분들이 해야 될 일은 내가 얼마나 무능력한지, 얼마나 비겁한지를 아는 겁니다. 이 말은, 내가 어디까지 할 수 있는지를 안다는 얘기예요. 내가 할 수 있는 것 이상의 것들 있죠? 그걸 자꾸 하려고 하면, 스스로가 무능해 보이고 비겁해 보인다고요. 그리고 지금 군사독재시절 꿈을 꾸신 거잖아요. 프로이트 Sigmund Freud가 얘기했잖아요. 꿈이라는 게 뭔가요? 내가 진짜 원하고 욕망하는 것들이 연극화 Dramatization 되어서 나오는 것이 꿈이라고 하죠. 다시 말해 현실에서 실현하지 못한 것을 연극적으로나마 꿈속에서 실현한다는 것이지요. 이분은 지금 권력을 바꿀 수 있게, 그 권력자랑 맞짱이라도 뜨겠다는 걸 욕망하는 것이거든요. 그런데 꿈에서 깨어나서 현실에 닥쳤을 때 어떻게 맞짱을 떠요? 지금 절대 없앨 수 없는 어떤 권위적인 사람을 설정하고 있어요.

우리가 A라는 갈등구조를 회피하려고 A보다 훨씬 더 큰 갈등구조를 만들어요. 그리고 거기에 몰입해요. A라는 문제가 감당이 안 될 때, 우리는 내가 해결할 필요도 없는 B라는 문제를 만듭니다. 이게 우리의 심리적 메커니즘이에요. 여러분들한테 가장 가까이 닥친 문제가 뭔가요? 바깥에서는 민주주의를 요구하지만 집은 여전히 봉건적이고 가부장적인 것, 이런 게 문제 아닌가요? 여러분들이 거대한 무언가에 쏘는 이유가 뭔지 아세요? 여러분이 진짜 해결할 수 있는 문제들이 힘드니까,

비겁하게 피하기 위해서 설정하는 것 아닌가요? 더 큰 것에 쫄면 정당한 것 같잖아요. 다 쫄아 있으니 내가 쫄아도 되는 거죠. 그러면서 직장이나 가정에서 여러분들이 넘어야 할, 쫄 필요가 없는 것들은 은폐할 수도 있어요. 자기 삶에서 진짜 해결해야 할 갈등구조를 은폐하고 작게 보이게 만드는 거죠. 저는 그것에 주목해야 된다고 봐요. 여러분에게 중요한 것은 어쩌면 새벽마다 짖는 옆집 개 문제일 수도 있어요. 그것 때문에 부부 싸움을 할 수도 있고, 정치가를 비난할 수도 있으니까요.

대개 가정이나 생업에 문제가 생기고, 연애가 파국에 이르렀을 때 제일 만만하게 선택하는 게 정치예요. 그래서 직장인들, 소시민들이 술만 마시면 정치 얘기를 한다고요. 스트레스 해소라고요. 여러분들에게 문제가 생겼을 때, 정치인 누구를 지지하고 누구를 비난하다가 또 시들죠. 대개 보면 취업난이 심할 때, 보수적인 젊은 청년들도 나와요. 자기들이 대통령이나 이건희라도 되는 것처럼, 국가와 사회를 한번 좌지우지해 보는 거지요. 물론 블로그나 트위터, 아니면 페이스북이라는 가상공간에서 그러지만 말이에요. 자신이 진짜 직면해야 할 문제에 직면해야 합니다. 그건 쪼는 것인지 아닌 것인지의 문제가 아니라, 내가 노력해서 바꿀 것인지의 문제예요.

절이 싫으면 나가지 말고 바꿔!

마흔 살 여성입니다. 회사 생활을 하면서 상사와 후임들과의 업무상 관계에서 느꼈던 고민들입니다. 저는 주로 상사들이 요구하는 해야 할 일은 해 주고 있지만, 아닌 것은 아니라고 한마디하고 일을 처리합니다. 제 나름의 쫄지 않는 태도라고 생각합니다. 제 부하 직원들을 대할 때에도 업무상 지시를 할 때 우선은 직원들이 반발할 것을 우려해서 여러 각도로 생각한 후 가장 덜 부담되는 방향으로 설정을 해서 지시를 합니다. 사실은 그들이 지시하는 사항에 반발을 할까봐 쫄아서 그러는 거죠. 그런데 부하직원들은 제가 쫄지 않고 당당하게 지시를 한다고 생각해요. 제가 다중적인 인간인 걸까요?

이분 같은 경우는 자신이 쫀다고 생각을 하시는데 사실 굉장히 정상적인 분이라는 생각이 들고, 오히려 강한 분이라는 느낌도 들어요. '쫀다'라는 단어를 좀 과잉해서 쓰시는 것 같아요. 그냥 후배 직원들을 봐서라든가 배려해서라든가 뭐 이렇게 쓰셔도 될 것 같아요. 제가 받은 느낌은 그런 거죠. 상사들이 뭔가를 요구할 때 분명히 비판적인 안목에서 하긴 하는데 그렇게 고분고분하게 하진 않는 거잖아요. 그러니까 여기에선 어떤 자존심이 있는 거예요. 스스로 독립적이어야 한다는 걸 의식하시는 것 같아요. '노'라고 한다는 건 무언가를 정말로 하지 말아야 의미가 있는 거지요. 그런데 지금 이분은 윗사람들한테 '노'라고는 하지만, 부정했던 그 일을 하고 계시잖아요. 이게 진짜 문제죠. 그게 여기 있는 후배들한테 투사가 되는 거예요. 내가 윗사람들이 시키는 그 부당한 일을 하면, 나는 나의 비굴한 모습을 정당화하기 위해서 후배들한테 그걸 또 강요하게 됩니다. 이러면 정말로 심각한 사태가 벌어진 겁니다. 혼자만의 비겁을 모든 사람에게 전염시킬 수도 있는 심각한 사태가 생기니까요. 직장 상사나 권력자의 똥구멍을 빨았던 사람들 있죠? 비굴한 일이잖아요. 그런데 이런 사람들이 후배들에게 똑같은 걸 시켜요. 후배들이 안 하면 나만 쓰레기가 되는 거니까요. 다 쓰레기가 돼야 하는 거죠. 윗사람한테 아부를 너무 많이 하는 사람들은 밑에 있는 사람들한테 아부를 강요해요. 일종의 허영이죠.

〔그런데 진짜 직장 생활이 길어질수록 제가 부하 직원들하고 조율하고 맞춰 나갈 때 제가 되게 싫어했던 윗사람들의 모습이 저한테 들어오는 것 같아요. 그러고는 '절이 싫으면 중이 나가는 거지'라는 식의 패배주의적 생각을 하게 되는 것 같

아요.〕 그러시면 안 돼요. 중들이 모여서 절을 바꾸는 게 낫죠, 사실. 계속 그런 식으로 절이 싫다고 중들이 나가면, 한 2,000년 후에는 중만 한 수만 명 그 절에서 나가는 거예요. 그러니까 나가지 말고 절을 바꿔야 돼요. 냉소주의는 큰 문제예요. 예를 들면 부부싸움을 해도 집을 나가는 사람들이 있잖아요? 나가면 안 돼요. 내보내야죠. 나가면 고생이에요. 약한 사람만이 일단 나가는 거예요. 그러니까 이런 사람들 있잖아요. 누가 대통령이 됐으니 이민 가야 되겠다는 사람들 있잖아요? 대통령을 이민 보내야지 왜 자기가 가요? 민주주의 사회에서. 이러면 사실 바뀌는 것은 아무것도 없거든요.

〔권력이 있는 사람들은 휘두를 힘이 있잖아요.〕 그 힘은요, 복종하는 사람이 있었을 때만 생겨요. 〔저는 그걸 거부할 만큼 당당한 게 아니라 뻔뻔해지고 싶어요. 그런데 그런 상황에서 제가 어떻게 해야 뻔뻔해지는지를 잘 모르겠어요.〕 그래서 실천 강령을 얘기해 드렸죠. 〔그런데 저는 거짓말하는 걸 세상에서 제일 싫어하고 뻔뻔한 사람이 제일 혐오스럽다는 생각을 하고 살아왔거든요.〕 제가 돌아다니면서 진실을 얘기할까요? '당신, 개 돼지같이 생겼어', '당신은 화장이 떡칠이야. 그게 화장이니?' 이렇게 얘기할까요? 하실 수 있겠어요? 이걸 굳이 해야 될까요? 그러니까 진실, 진짜를 얘기한다는 건 마지막 발악이에요. 어떤 사람의 진실을 얘기한다는 건 그 사람과

의 관계에 모든 것을 걸고 나서 하는 거예요. 네가 죽든 내가 죽든 해볼까, 이럴 때 진실을 꺼내는 거예요. 진실은 굉장히 위험한 거예요. 왜냐하면 우리는 다 알고 있단 말이에요. 어떤 사람이 병 걸려 죽을 때 바보들과 약한 사람만이 '네가 사실 3개월 남았단다'라고 이야기해요. 그 사람도 알고 나도 아는데 그 얘기를 왜 해요?

진실은 거짓말 속에서 오히려 더 강하게 전달될 수 있는 거예요. 남자 친구가 뚱뚱해서 배가 나왔어도 '당신 예뻐. 따뜻해 보여' 이럴 수 있죠. 이 말에 너무 많은 게 들어 있지 않아요? 거짓말이 얼마나 예쁜지 아세요? 여러분들은 거짓말이 완벽한 거짓말이라고 착각하고 있어요. 내가 충분히 아끼는 남자인데 자꾸 식스팩을 만들려고 해요. 그 사람은 체질상 식스팩이 안 나오는데요. 그럴 때 뱃살이 접히거든 만지면서 이러는 거예요. '어머, 식스팩인걸?'(웃음) 그 말을 하라는 얘기죠. 거짓말이 진실의 반대편에 있다고 생각하시면 안 돼요. 거짓말은 굉장히 매혹적이에요. 문학이 거짓말이라고 할 때, 거기에 진실이 없나요? 있잖아요. 거짓말을 능수능란하게 잘 쓰는 일은 진실보다 더 큰 파괴력이 있습니다.

물어볼게요. 윗사람에게 정말로 진실했나요? 직장 상사가 쓰레기 같은데 쓰레기 같다고 얘기해 보신 적 있어요? 무슨 진실을 얘기하시는 거예요? 나름 거짓말하고 계신 거예요. 검열이 되어 있는 진실인 거죠. 사람들은 100퍼센트 진실을 얘기하지 않아요. 우리는 그걸 알잖아요. 기껏 말해 봤자 내가 생각하는 정도의 진실인 거예요. 진실을 감당할 사람들은 의외로 많이 없어요. 그래서 제가 강의하거나 책을 쓸 때 거짓말이나 과장을 많이 하는 거예요. 제가 봤던 걸 까놓고 모두 다 쓴다면 여러분들은 감당하지 못할 거예요. 하지만 그 거짓말 속에서 제가 봤던 '이리 됐으면 좋겠다'라는 진실의 방향은 열어드리고 싶은 겁니다.

쫄지 마! 그깟 돈!

> 저는 여태까지 제가 살고 싶은 대로 살아오지 못했습니다. 열심히는 살았지만 어려서부터 돈 때문에 포기한 것들이 많아요. 학교나 직업도 항상 돈을 기준으로 선택을 해야 했습니다. 그러니 만족할 수가 없었죠. 그러다 보니 '열심히 살아도 결국은 만족할 수 없는 게 내 운명인가?'라는 생각이 들더라고요. 돈에 쫄다 보니 돈에 집착하고, 삶이 이러니 부정적이고 회의적이고 허무적인 사람이 되어 갑니다. 돈에 쫄지 않을 방법이 있을까요?

돈과 관련해서, 자본주의의 핵심을 하나 얘기해 드릴게요. 자본주의 사회에서는 돈을 모으는 사람과 돈이 게임비인 사람이 있어요. 이게 일반 사람과 자본가의 차이입니다. 왜 부유한 사람들이 벤츠를 사는지 아세요? 심심해서 사요. 주식 투자해서 수십 억 원씩 버는 사람들 있죠? 룰렛 돌려서 돈 따는 거랑 똑같은 사람들이 있어요. 이 사람들한테는 수십 억 원이 그냥 떨어진단 말이에요. 이거 가지고 할 일이 없어서 심심해서 벤츠를 사요. 여러분들은 어떤 꿈을 가지고 돈을 모으죠? 그러니까 돈을 모으면서 그걸로 구매할 상품들을 꿈꾸죠. 근사한 아파트, 멋진 승용차, 명품 가방, 호사스러운 해외여행 등등. 돈을 모으는 사람은 이런 것을 꿈꾸면서 죽을 때까지 돈을 모아요.

자본가는 게임가예요. 도박에 빠진 사람들을 본 적 있어요? 경마장이나 경륜장에서 도박을 끝내고 좀비처럼 나오는 그들을 본 적 있어요? 그들이 여행을 가기 위해, 아파트를 사기 위해 그렇게 하나요? 순간적으로 돈이 들어오는 희열 때문에 그러는 거예요. 이건희와 같은 대재벌이 여러분처럼 무엇을 사고 싶어서 돈을 벌고 있다고 생각해요? 아니에요. 그러니까 이건희나 도박중독자는 같은 심리적 메커니즘을 가지고 있다고 할 수 있어요. 문제는 여러분들도 돈을 모으다가 중독이 되면, 궁극적인 귀결이 대재벌이나 도박사의 경지로 간다는 거예요. 그래서 로또를 사거나 주식에 투자를 하죠. 도박은 불법적 투자이고, 투자는 합법적 도박이라는 사실을 아셔야 해요. 마찬가지입니다. 발터 벤야민은 그래서 자본주의의 이면에는 도박중독증과 같은 것이 있다고 했던 겁니다. "자본의 핵심은 도박의 논리, 혹은 심리에 있다."

내가 아무리 낮에 돈을 써도 오늘 투자한 돈으로 50억 원이 또 입금이 되는 세계, 생각만 해 보세요. 좋아요? 그런데 한번 생각해 보세요. 자본주의가 발달해서 기술문명이 발전하면 노동시간이 줄어들어야 돼요. 문명이 진보해서 기술력이 발전하면, 일하는 시간이 줄어서 우리의 향유시간이 늘어야 되잖아요? 그런데 향유시간은 안 늘어나고 일만 더 많이 해요. 그걸 막는 방법이 뭘까요? 자본에게 쫄지 않는 방법은 뭘까요? 자본이나 돈에서 벗어나는 방법은 아무것도 갖지 않는 겁니다. 전셋집도 갖지 마세요. 가지고 있으면 낚이는 거예요. '최적생계비'만 갖고 있어야 해요. 최저생계비가 아니라 최적생계비예요. 그래야 뻔뻔해져요. 그래야 사장한테 뻔뻔해진다고요. 사장이 밤에 일하자 그래도 이래요. '됐어요. 월급 됐어요.' 최적생계비를 계산하는 거예요. 최대생계비는 끝이 없어요. '40억이면 된다'라고 돈을 모으지만 40억을 다 모아도 또 돈을 모은다고요. 그 다음에 여러분들은 '순수 세계'로 건너뛰어요. 수십 억 원이 입금되고 빠져나가는 모니터의 세계, 그러니까 게임의 세계로요. 순수한 자본가의 세계로요.

자본주의는 순수한 게임의 세계입니다. 세상이 모조리 다 투자고 '돈 넣고'로 좌지우지되는 리얼리티 없는 세계. 게임가가 되면 그 안으로 들어가게 돼요. 도박사, 도박꾼들이 도박에 빠지는 이유를 아셔야 돼요. 그게 순수한 자본가의 세계예요. 여러분들 이해가 안 되죠? 그런데 자본가들은 알아요. 그들과 여러분들의 차이는 뭔데요? 그 사람들은 돈이 허무한 거예요. 그 사람들이 너무 심심해서 가끔가다 제3세계 국가들도 도와줘요. 헤지펀드 움직이는 사람들은 심심한 거예요. 그래서 우리는 행복한지도 몰라요. 월급 받으면 '물건도 사고, 공연도 보고, 맛있는 것도 사 먹자' 이러잖아요. 돈이 수백 억 정도 있으면 무슨 음식을 먹을지 이런 게 아무 의미 없어요. 맛이 사라져요. 가치가 사라지는 순수한 허무주의의 세계에 와요. 이게 바로 자본주의의 문제예요. 궁극적으로 자본가가 되는 길 자체는 어쩌면 우리 세계의 리얼리티를 거의 없앨지도 몰라요.

다시 본론으로 돌아오면, 우리가 돈에 쫄지 않기 위해서 가장 먼저 해야 할 건 나의 최적생계비를 정확하게 계산하는 거예요. 최적생계비만 벌면 되니까 나머지 시간에는 뻔뻔해질 수 있죠. 갑자기 사표를 내는 거예요. 이유를 물으면 '2년간 많이 모았어요' 이러는 거죠. 회사 프로젝트를 앞두고 '그건 당신 프로젝트예요'라고 말하고 나가요. 자본주의를 이기는 유일한 방법은 우리가 최적생계비를 계산하느냐, 자족할 수 있느냐의 문제예요. 그래야 뻔뻔하죠. 디오게네스가 왜 당당해요? 옷 한 벌, 지팡이 하나, 자루 하나 들고 통에서 살았잖아요. 통! 통 하나밖에 없잖아요. 집을 갖고 있으면 쫓겨나지만, 처음부터 쫓겨날 데가 없는데 쫄 이유가 없죠.

다시 한 번 강조하고 싶은 건, '뻔뻔하다'는 말의 긍정성을 아셔야 된다는 거예요. 이건 소중한 거예요. 뻔뻔하게 굴고 거짓말 같은 걸 잘 하세요. 거짓말, 얼마나 좋아요? 다들 인정받기를 원하니 거짓말을 툭툭 던져 줘요. '너 예쁘다. 너는 훌륭하다.' 여러분들은 남에게 인정받으려고 하지 마시고요. 죽을 때까지 인정을 받지 않겠다는 각오로 사시면 돼요. 그러다 진실을 얘기해야 될 때가 올 수도 있어요. 어쩌면 그때는 '모 아니면 도'일 거예요. 진실에 대해서 쉽게 얘기하진 말고요. 그 뻔뻔함으로 상당히 많은 시간을 보냈을 때 여러분들은 쫄지 않는 자아, 뻔뻔한 자아로 만들어져요. 그런데 그게 하나의 단계라는 것을 잊으시면 안 돼요. 앞서 얘기했지만 쫀다는 것과 당당함을 대척되는 것으로 두면 안 돼요. 쫄다가 뻔뻔스러워졌다가 그 다음에 마지막에 오는 것들이 당당함이에요. 당당함은 그렇게 쉽게 얻을 순 없어요. 디오게네스가 알렉산드로스 대왕에게 태양 가린다고 비키라고 말했던 것은 만만한 일이 아니에요. 그 단계로 갈 때 거쳐야 할 중간 단계에 뻔뻔한 자아, 뻔뻔한 삶, 뻔뻔한 실천, 이런 것들이 있는 겁니다. 쫄지 않기 위한 제1의 준칙인 겁니다.

잃어버린 욕망을 찾아서

위악(僞惡)이란 비범한 방법론

> 굿바이. 그대는 이따금
> 그대가 제일 싫어하는 음식을
> 탐식貪食하는 아이러니를
> 실천해 보는 것도 좋을 것 같소.
> 위트와 패러독스와…….
>
> — 이상, 《날개》

자신의 욕망을
점검해 보는 것

요사이 강연이 많아, 무척 피곤합니다. 쉬고 싶다는 생각이 간절하기만 합니다. 그렇지만 학생들과 선생님들이 강연 요청을 하면 매번 거절할 줄 몰라 큰일입니다. 특히 지방에 있는 학교나 도서관 선생님들의 전화는 내게 치명적이기까지 합니다. 서울에서 주로 활동하는 인문학 저자들이 지방에 잘 내려가지 않으려고 하나 봅니다. 하긴 충분히 납득이 가는 일이기도 하지요. 두세 시간 강연하러 지방에 가면, 그날 하루는 다른 일을 할 틈이 거의 없기 때문입니다. 그래서 그런지 지방에서 걸려 오는 강의 요청 전화는 애달픈 데가 있습니다. 미리 거절을 예감하는 듯한 강의 요청 전화는 강연을 강요하는 것보다 더 무섭게 느껴집니다. 마치 '당신이 강연을 거부하면 나와 우리 아이들 모두는 좌절할 겁니다' 뭐 이렇게 말하는 것처럼 느껴지기 때문입니다. 인간의 행복을 꿈꾸는 인문학자로서 이건 마실 수밖에 없는 독배입니다.

나는 강연하러 가겠다고 승낙하고 맙니다. 그 순간 전화기에는 무엇인가 횡재를 한 것 같은 흥분된 목소리, 연신 고맙다는 치하가 이어지지요. 너무 행복해 하는 목소리에 나도 일순간 마음이 푸근해집니다. 사실 저는 학생들과 선생님들과 이야기를 나눈다는 것을 신성한 의무로 생각하고 있습니다. 그것은 미래에 희망을 심는 보람찬 일이기 때문입니다. 또 강연의 효과 면에서도 50대에게 인문학을 강의하는 것보다 10대에게 하는 것이 더 파괴력이 있습니다. 부채를 생각해 보세요. 부채 손잡이 부분에서의 1센티미터의 차이는 부챗살을 따라 올라가다 부채 끝에 이르면 20센티미터 정도 차이를 낳게 만듭니다. 반면 부채 끝에 못 미치는 부분에서의 1센티미터의 변화는 부채 끝에서는 단지 3센티미터 정도의 차이만 생길 뿐이지요. 아무리 피곤해도 학생들과 선생님들의 강연 요청을 거부하지 못하는 이유는 바로 우리 학생들이 가진 이 무한한 가능성 때문입니다.

얼마 전 다시 지방에 강연을 갔던 적이 있었습니다. 귀엽고 풋풋한 여고생들이 대부분이었습니다. 선생님들이 같이 동반한 것으로 보아, 그들 대부분은 나름 자신의 학교에서 촉망받는(?) 학생들인 것이 분명했습니다. 그들에게 철학과 인문학의 정신을 전달하려고 애를 썼습니다. 특강 형식으로 진행된 강연이기 때문에, 내게 주어진 시간은 한정되어 있었고 어쩌면 그들과의 만남도 이것이 마지막일지도 모를 일입니다. 그러니 그들에게 더 강한 지적인 자극을 주어 인문정신의 씨앗을 심어둘 수 있도록 해야만 합니다. 또한 그들 한 사람 한 사람과 눈을 마주쳐서 내가 얼마나 그들을 사랑하며 희망을 품고 있는지를 느끼도록 해 주어야 합니다. 시간의 제약은 있지만 가급적 많은 아이들과 속내를 털어놓는 대화도 빠져서는 안 됩니다.

가장 처음으로 저는 전체 아이들에게 물어보았습니다. "공부하는 것을 좋아하나요?" 성적이 뛰어난 학생들이 대부분이라서 그런지 일체의 망설임이 없이 그렇다고 대답합니다. 미소를 띠면서 나는 어느 학생을 지목해서 물어 보았습니다. "혹시 어머니나 선생님이 공부하는 것을 좋아하는 것뿐인데, 자신이 공부를 좋아한다고 착각하는 것은 아닌가요?" 그 아이는 어머니나 선생님과 무관한 일이라고 공부하는 것은 단지 자신의 성취감 때문이라고 정색합니다. 이 순간 나의 뇌리에는 라캉Jacques Lacan의 말이 떠올랐습니다. "자신이 욕망하는 것이 진실로 자신이 소망하는 것인지 혹은 소망하지 않는 것인지를 알기 위해서, 주체는 다시 태어날 수 있어야만 한다"는 말입니다. 그의 주저 《에크리Écrits》에 등장하는 말입니다. 오늘은 라캉의 테마로 강연을 진행하는 것이 좋을 것 같다는 생각이 들었습니다. 자신이 욕망하는 것이 진정으로 자신이 욕망하는 것인지를 점검해 보는 것은 지금 아이들로서는 무척 중요한 일이기 때문입니다. 저는 천천히 강연을 시작했습니다.

나의 욕망은 항상 타자의 욕망에 지나지 않는다

어린아이를 자폐증에 빠지게 하는 방법에 대해 생각해 보신 적이 있나요? 아주 쉽습니다. 라캉의 말이 아니더라도 인간은 생물학적으로 '미숙아'로 태어나는 존재입니다. 혼자 힘으로 밥을 먹거나 걸을 수 있을 때까지 시간이 얼마나 걸리는지 생각해 보세요. 바로 이런 생물학적 사실 때문에 인간은 타인의 사랑을 갈구하는지도 모릅니다. 특히 가장 가까이에서 관심과 애정을 기울이는 어머니는 어린아이에게는 결정적인 영향을 미칩니다. 여기 놀이방이나 유치원에 다니는 아이가 있다고 해 보지요. 아이는 공부를 잘해서인지 상장을 받았습니다. 집으로 돌아오자마자 아이는 자랑스럽다는 듯이 상장을 어머니에게 내놓습니다. 그것은 아이가 상장으로 어머니가 자신을 더 사랑해 주리라는 것을 확신하고 있기 때문입니다. 어쨌든 바로 이런 경우 어머니가 아이를 자폐증에 빠지게 만들 수 있습니다.

지금까지는 상장을 받아 오면 따뜻하게 포옹을 해 주던 어머니가 돌변하여 아이에게 싸늘한 냉소를 지으며 말하는 겁니다. '너에게 실망했다. 네가 상장을 받으면, 다른 아이는 못 받는 것 아니니. 너는 어쩌면 그렇게 이기적이니.' 자, 생각해 보세요. 앞으로 상장을 받아 올 때, 지금처럼 아이는 상장을 어머니에게 보여 줄까요? 아마 힘들 겁니다. 아이는 상장을 자기의 방에 숨겨놓고 아무에게도 보여 주지 않을 겁니다. 방에 숨겨진 상장처럼, 아이는 자신을 표현하지 않고 내면에 들어가 문을 잠그게 될 겁니다. 자폐증이 시작된 셈입니다. 도대체 어머니가 원하는 것이 무엇인지 헷갈리는 겁니다. 어머니에게 사랑받는 사람이 되고 싶은데, 어머니는 상장을 받아 왔을 때 어느 경우에는 칭찬을 하고 어느 경우에는 야단을 치기 때문입니다. 마침내 우리는 '나의 욕망은 항상 타자의 욕망에 지나지 않는다'는 정신분석학의 교훈에 이르게 됩니다. 물론 여기서 타자는 내가 나 자신을 사랑해 주었으면 바라고 있는 타자를 말합니다.

어머니가 1등을 원하기에 아이는 1등을 원하는 법입니다.

단지 성적만이 그럴까요. 아이가 원하는 대부분의 것은 어머니가 원하는 것을 내면화한 것에 지나지 않습니다. 이것은 물론 아이가 스스로 주체로 당당하게 살아갈 수 없기 때문에 벌어지는 불가피한 현상입니다. 그래서 어느 정도 성숙했을 때, 우리에게는 한 가지 누구도 대신해 줄 수 없는 의무가 생깁니다. 그것은 타자의 욕망으로 도배되어 있는 자신의 욕망에서 타자의 흔적을 제거하는 것입니다. 그래서 라캉도 말했던 겁니다. 주체는 무엇보다도 "자신이 욕망하는 것이 진실로 자신이 소망하는 것인지 혹은 소망하지 않는 것인지를 알아야" 한다고 말입니다. 이론적으로 라캉의 말은 백 번 들어도 옳은 말입니다. 그렇지만 도대체 어떻게 지금 내가 좋아하는 것이 진실로 내가 좋아하는 것인지, 아니면 타자의 것인지 확인할 수 있을까요? 바로 이것이 문제입니다.

이상의 비범함은 바로 여기에서 찾을 수 있을 것 같습니다. 그는 위악僞惡의 방법론을 우리에게 가르쳐 주기 때문입니다. 타자가 선善이라고 원하는 것을 그대로 자신도 선이라고 욕망한다면, 이 경우 선善은 진정한 선이 아니라, 위선僞善일 수밖에 없을 겁니다. 그렇다면 말입니다. 나 자신이 악惡이라고 생각하는 것을 직접 실천해 보는 겁니다. 힘들지만 충분히 익숙해질 때까지 악을 실천해 보는 겁니다. 다행스럽게도 우리에게 그것이 행복을 준다면, 우리는 나 자신이 소망하는 진정한 선을 발견할 수 있는 것 아닐까요? "그대는 이따금 그대가 제일 싫어하는 음식을 탐식貪食하는 아이러니를 실천해 보아야 한다"라고 이상이 말했던 이유도 바로 여기에 있습니다. 보통 우리는 어머니의 식성을 맹목적으로 따르면서 마치 그것이 자신만의 진정한 식성이라고 착각하고 있습니다. 나만의 진정한 식성을 찾기 위해 우리는 입맛에 맞지 않은 음식을 맛있게 먹는 아이러니를 실천할 필요가 있는 것 아닐까요?

위악의 방법론

자신만의 선을 찾기 위해 당분간 위악의 제스처가 불가피한 것 아닐까요? 읽고 싶지 않은 책을 읽고, 읽고 싶은 책을 읽지 마세요. 싫어하는 사람을 사랑하고, 사랑하는 사람을 미워해 보세요. 슬플 때 웃으려 하고, 웃길 때는 울려고 노력해 보세요. 이런 노력을 반복하다 보면, 우리는 점점 자신이 진정으로 원하는 것을 발견하게 될 것이고 당연히 그만큼 당당한 주체로 성장해 나갈 수 있을 겁니다. 물론 위악적인 행동을 했을 때, 여러분들은 사회로부터 많은 지탄을 받게 될 겁니다. 당연하지요. 사실 어머니의 욕망이란 대부분의 경우 사회적 통념을 반복하는 것에 지나지 않는 겁니다. 그러니까 지금도 어머니들은 말하지요. '내 이야기를 들으면 자다가도 떡이 나온다'

고 말입니다. 그렇지만 이제 내 것이 아닌 모든 욕망과는 이상의 말대로 "굿바이" 하는 겁니다. 어머니가 선이라고 생각하는 것을 하지 않고 악이라고 생각하는 것을 하는 겁니다. 혹은 국가나 자본이 선이라고 생각하는 것을 하지 않고 악이라고 생각하는 것을 행하는 겁니다.

이제야 이해되시나요? 우리에게 절절한 가르침을 주는 문인이나 철학자들 중 왜 그렇게 괴짜, 혹은 이단이 많았는지 말입니다. 그들이 괴이한 것을 좋아해서, 혹은 남의 눈에 띄는 것을 좋아해서 그런 것은 아닙니다. 그들은 한 번이라도 좋으니 그들 자신으로서 욕망하고, 자신으로서 사랑하고, 자신으로서 살고 싶었던 겁니다. 그들은 한마디로 스스로 욕망하는 주체로 살고 싶었던 겁니다. 위악의 방법론은 임제선사에 이르면 그 극에 달하게 됩니다. "안이건 밖이건 만나는 것은 무엇이든지 바로 죽여 버려라. 부처를 만나면 부처를 죽이고, 조사를 만나면 조사를 죽여라. 부모를 만나면 부모를 죽여라."《임제어록》에 나오는 말입니다. 물론 진짜 살인을 하라는 것은 아닐 겁니다. 위악은 위악일 뿐, 진정한 악을 행하는 것은 아니기 때문입니다. 단지 우리 스스로 주인으로 서는 데 방해되는 일체의 권위를 마음속에서 제거하자는 겁니다.

그렇지만 실제로 선사들 중에는 관념만이 아니라 현실에서도 위악을 제대로 실현하는 만행(?)을 저지르는 스님도 있었습니다. 《종용록從容錄》은 잔혹한 에피소드를 하나 기록하고 있습니다.

"구지俱胝 스님은 누가 물어올 때마다 손가락을 하나 들어 보이곤 했다. 낯선 사람이 스승의 가르침이 무엇이냐고 물었을 때, 그를 모시던 시동侍童도 스승처럼 손가락을 들어 보였다. 이 사실을 알게 된 구지 스님은 칼로 시동의 손가락을 잘라 버렸다. 시동은 너무 아파 통곡하며 방을 뛰쳐나가려고 했다. 그 순간 구지 스님은 시동을 불렀고, 시동은 고개를 돌렸다. 갑자기 구지 스님은 손가락을 들어 보였다. 시동은 갑자기 깨달음에 이르게 되었다."

제자의 손가락을 칼로 무자비하게 자른 스승이나, 그런 스승으로부터 깨달음을 얻은 제자나 황당하기는 마찬가지입니다. 제자가 자신의 제스처가 아니라 스승의 제스처를 흉내 낸 것은 위선입니다. 스승은 바로 이 위선이야말로 제자가 주체로 서지 못하는 근본적인 원인이라고 진단한 겁니다. 위선의 손가락을 잘라 버리는 위악이 마침내 제자로 하여금 위선의 길이 아닌 진정한 선의 길을 가도록 하는 약이었던 셈입니다.

이제 사르트르Jean-Paul Sartre가 왜 장 주네Jean Genet를 성 주네Saint Genet라고 중시했는지 이해되시나요? 주네는 어린 시절부터 소년원과 형무소를 제집처럼 드나들던 위악적 삶을 살았을 뿐만 아니라,《도둑 일기》라는 작품을 썼을 정도로 위악적인 문학을 실현했기 때문입니다. 위악의 길은 위선을 폭로하고, 진정한 주체의 욕망을 되찾아 주는 길이 될 수도 있는 법입니다. 자, 이제 우리는 위선에서 벗어나서 위악을 행할 때가 아닌가요? 강의를 마치면서 나는 학생들에게 이야기했습니다. "여러분, 다음 시험에 확실히 답이 아닌 것만을 정답으로 체크해 보세요. 때로는 이상이 말했던 것처럼 아이러니, 위트, 그리고 패러독스는 매우 중요한 역할을 하는 법입니다. 자신이 원하고 있다고 확신하는 것에 대해 단호하게 '굿바이!'나 시니컬하게 '됐거든!'이라고 외칠 수 있을 때, 여러분은 자신의 진정한 욕망을 찾는 한 걸음을 내딛고 있는지도 모릅니다." 그날 어리둥절해 하는 학생들 중, 몇 명이나 구지 스님의 시동처럼 깨달음을 얻을 수 있었을까요? 혹은 나의 위악적 강연에 애꿎은 손가락만 잘린 학생은 없었던 것일까요? 모를 일입니다. 아무튼 이제는 "굿바이!"

에필로그

존 레논의 '이매진'을 읊조리며

Imagine there's no heaven. It's easy if you try.
No hell below us, Above us only sky.
Imagine all the people living for today.

Imagine there's no countries, it isn't hard to do.
Nothing to kill or die for and no religion, too.
Imagine all the people living life in peace.
(…)
Imagine no possessions. I wonder if you can.
No need for greed or hunger, a brotherhood of man.
Imagine all the people sharing all the world.

You may say I'm a dreamer, but I'm not the only one.
I hope some day you'll join us, and the world will live as one.

— 존 레논John Lennon, 〈이매진〉

1.

《화엄경》이란 책이 있습니다. 스스로를 구원하고 타인도 구원하겠다는 대승불교의 이념이 가장 잘 녹아 있는 경전이지요. 여기서 화엄이란 말이 의미하는 것은 매우 중요합니다. 화엄은 야생에서 자라는 수많은 꽃들이 자기만의 자태와 향취로 펼쳐 내는 장관을 뜻하기 때문이지요. 그러니까 화엄은 장미꽃만을 키우려는 인위적인 화단의 모노톤과는 전혀 다른 풍경을 의미하는 겁니다. 이처럼 대승불교가 꿈꾸었던 화엄 세계는 너무나 복잡하고 너무나 무질서하고 너무나 다채롭기까지 한 세계였습니다. 이제야 우리는 싯다르타Gautama Siddhārtha가 임종할 때 왜 "무소의 뿔처럼 혼자서 가라!"라는 사자후를 토했는지 알게 됩니다. 맨드라미는 맨드라미로 만개해야만 합니다. 맨드라미가 장미를 모방해서도 안 되고, 아니 모방해서 될 일도 아닐 겁니다. 그렇습니다. 싯다르타가 장미라면, 그의 제자들 각각은 맨드라미이고 들국화이고 히아신스였던 셈입니다. 그러니 장미를 따라하지 말고, 맨드라미는 맨드라미로, 들국화는 들국화로, 그리고 히아신스는 히아신스로 펴야 하는 겁니다.

물론 아직 자기만의 꽃을 피우지 못한 제자들로서는 장미로서 만개한 싯다르타의 모습이 자신의 이상형이라고 착각할 수도 있습니다. 충분히 가능한 일입니다. 아직 자신의 가능성을 실현하지 못했으니까요. 그러니까 싯다르타의 제자들은 동화에 등장하는 미운 오리 새끼의 신세라고 할 수 있습니다. 자신이 백조라는 것을 모르니, 오리를 지향할 수밖에요. 어쩌면 그들은 자신을 따르지 말고 혼자의 힘으로 자신의 가능성을 현실화하라는 스승의 말이 서운할지도 모를 일입니다. 스승의 말이 아예 자신들을 포기하고 있는 것처럼 들릴 수도 있으니까요. 다른 누구도 모방하지 말고 스스로 만개하라는 불교의 충고는 동양에만 국한된 특수한 가르침이 아닙니다. 이미 우리는 니체Friedrich Wilhelm Nietzsche의 차라투스트라가 자신의 제자들에게 어떻게 말했는지 알고 있으니까요.

> 그대들은 차라투스트라를 믿는다고 말하는가? 그러나 차라투스트라가 도대체 무엇이라는 말인가! 그대들은 나의 신도들이라고 말한다. 하지만 신도가 어쨌단 말인가! 그대들이 나를 만났을 때, 그대들은 아직도 자신을 찾아내지 못하고 있다. 신도란 언제나 이런 식이다. 신앙이란 이처럼 보잘것없는 것이다. 나를 버리고 그대들 자신을 찾도록 하라. 그리하여 그대들 모두가 나를 부정하게 된다면, 그때 내가 다시 그대들에게 돌아오리라.
>
> ―《차라투스트라는 이렇게 말했다》

차라투스트라가 신을 죽였던 것은 신이란 존재가 인간에게 절대적인 모방의 대상이기 때문이었습니다. 모방의 대상이 있다면, 어떻게 자신의 가능성을 현실화할 수 있겠습니까. 그렇다면 차라투스트라의 가르침도 일체의 외적인 권위에 기대거나 모방하지 말라는 명령으로 요약될 수 있을 겁니다. 바로 여기에 차라투스트라의 가르침이 가지고 있는 역설, 혹은 아이러니가 있지요. 차라투스트라의 제자들은 그를 스승으로 섬겨야만 하고, 동시에 스승으로 섬겨서는 안 됩니다. 신이나 다른 권위적인 인물들을 멘토로 숭상하지 않을 때까지 제자들은 차라투스트라를 스승으로 삼아야만 합니다. 그렇지만 어느 순간 그들은 차라투스트라마저 부정해야만 합니다. 자신의 스승 차라투스트라를 멘토로 숭배한다면, 그들은 스승의 가르침을 배신하는 결과를 초래할 수밖에 없기 때문이지요.

2.

불교도들은 싯다르타를, 그리고 차라투스트라의 신도들은 차라투스트라를 일종의 배라고 생각하는 것이 좋을 것 같습니다. 스스로의 힘으로 서게 되는 그 찬란한 순간, 그들은 싯다르타를, 그리고 차라투스트라를 버려야만 하기 때문이지요. 하긴 강을 건넜으면, 우리는 배에서 내려야만 합니다. 육지에 발을 딛기 무서워서 배에 머무르려고 하면, 사실 우리는 강을 완전히 건넌 것이라고 할 수 없기 때문이지요. 어쩌면 바로 이 대목이 가장 힘든 결단의 순간인지도 모릅니다. 그렇지만 다른 방법이 없으니 어떻게 하겠습니까! 바로 여기가 로도스니까, 바로 여기서 뛰어내려야만 합니다. 그러니 스스로 서는 순간은 어쩌면 서러운 순간인지도 모를 일입니다. 홀로 있는 고독이 엄습할 테니까요. 시인 김수영이 돌아가는 팽이에서 직감했던 것도 바로 이런 자유의 외로움, 혹은 독립의 서러움이 아니었던가요.

> 팽이가 돈다
> 팽이가 돈다
> 팽이 밑바닥에 끈을 돌려 매이니 이상하고
> 손가락 사이에 끈을 한끝 잡고 방바닥에 내어던지니
> 소리없이 회색빛으로 도는 것이
> 오래 보지 못한 달나라의 장난 같다
> 팽이가 돈다
> 팽이가 돌면서 나를 울린다
> 제트기 벽화 밑의 나보다 더 뚱뚱한 주인 앞에서
> 나는 결코 울어야 할 사람은 아니며
> 영원히 나 자신을 고쳐가야 할 운명과 사명에 놓여 있는 이 밤에

나는 한사코 방심조차 하여서는 아니 될 터인데
팽이는 나를 비웃는 듯이 돌고 있다
비행기 프로펠러보다는 팽이가 기억이 멀고
강한 것보다는 약한 것이 더 많은 나의 착한 마음이기에
팽이는 지금 수천 년 전의 성인聖人과 같이
내 앞에서 돈다
생각하면 서러운 것인데
너도 나도 스스로 도는 힘을 위하여
공통된 그 무엇을 위하여 울어서는 아니 된다는 듯이
서서 돌고 있는 것인가
팽이가 돈다
팽이가 돈다

— 김수영, 〈달나라의 장난〉 중에서

가난했던 시인이 "뚱뚱한 주인"에게 돈을 빌리러 갔나 봅니다. 얼마나 힘들었을까요. 경제적 궁핍으로 남에게 고개를 숙였을 때, 시인의 마음은 참담하기 그지없었을 겁니다. 더군다나 시인은 평범한 시인이 아니라, "자유를 읊고 자유를 살아야 한다"고 역설했던 김수영이기 때문입니다. 구겨진 신문지처럼 너덜너덜해진 자존심에도 불구하고 그래도 다행스러운

것은 그에게는 이 세상 무엇과도 바꿀 수 없는 소득이 있었다는 점입니다. 그 부유한 집 아이가 무심결에 돌리고 있던 팽이를 보는 순간, 김수영은 자신의 평생을 지배할 시적 이미지를 하나 얻는 데 성공하기 때문이지요. 그것은 바로 '돌아가는 팽이'의 이미지입니다. 언젠가 들뢰즈는 "사유의 이미지L'image de la pensée"를 이야기했던 적이 있습니다. 철학적인 사유의 이면에는 어떤 근본적인 이미지, 그러니까 이성적이라기보다는 오히려 감성적인 이미지가 전제되어 있다는 이야기입니다.

철학자도 어떤 근본적인 사유의 이미지에 근거해 개념들을 직조해서 체계를 만들고 사태를 평가하는데, 시인의 경우는 말해서 무엇하겠습니까. 〈달나라의 장난〉이란 시에서 포착한 팽이의 이미지가 얼마나 중요했던지, 김수영은 자신이 스스로 출간한 유일한 시집의 제목도 《달나라의 장난》으로 정했을 정도였습니다. 그렇다면 우리 시인은 돌아가는 팽이에서 무엇을 보았던 것일까요? 돌아가는 팽이를 한번 생각해 보세요. 아니면 오랜만에 직접 팽이를 돌려 보아도 좋고요. 팽이가 돌고 있을 때, 다른 팽이 하나가 그와 부딪히면 어떤 일이 벌어질까요? 두 팽이 중 하나가 쓰러지거나, 아니면 둘 모두 쓰러지게 될 겁니다. 동일한 방향으로 돌고 있다고 하더라도, 두 팽이는 스스로 도는 속도가 다른 법이니까요. 그러니까 느린 쪽은 빠른 쪽의 영향을 받아 가속되면서 휘청거릴 것이고, 반대로 빠른 쪽은 감속되면서 휘청거릴 수밖에 없을 겁니다. 놀랍지 않나요? 무소의 뿔처럼 혼자서 갈 수밖에 없다는 싯다르타의 가르침, 그리고 차라투스트라를 부정해야 스스로 초인이 될 수 있다는 니체의 절규가 온전히 돌아가는 팽이 속에 담겨 있다는 사실이 말입니다.

3.

김수영의 팽이 이미지는 "너도 나도 스스로 도는 힘을 위하여 공통된 그 무엇을 위하여 울어서는 아니 된다"는 통찰로 요약될 수 있습니다. 그렇지만 김수영의 말대로 "생각하면 서러운" 통찰 아닌가요? 이 통찰이 옳다면 우리 인간은 외로움과 고독을 기꺼이 감내해야만 하기 때문이지요. 심지어 외롭기 때문에 우리는 누군가를 사랑하고 누군가로부터 사랑을 받으려고 합니다. 그런데 김수영은 지금 그렇게 서럽다고 하더라도 사랑하는 사람과는 결코 하나가 될 수 없다고 이야기합니다. 하나가 되려는 순간 돌아가는 두 개의 팽이처럼 어느 하나 혹은 두 팽이 모두가 돌기를 멈출 수도 있으니까요. 그렇다고 해서 김수영이 사랑이 불가능하다는 이야기를 하고 있다고 오해할 필요는 없습니다. 오히려 시인은 사랑의 본질을 제대로 포착했으니까요. 사실 그는 "사랑은 둘의 경험"이라고 정의했던 바디우Alain Badiou의 가르침을 반복하고 있다고도 할 수 있으니까요. 그러니까 두 사람이 주인공이 되는 경험, 그러니까 동일한 삶의 지평에서 서로의 회전을 존중하는 마음이 바로 사랑이라는 것이지요.

팽이 이미지는 사랑에 대한 진리뿐만 아니라 정치철학적 전망도 아울러 던지고 있습니다. 돌아가는 팽이들을 생각하면, 우리는 인간 개개인의 자유를 침해하려는 독재나 억압이 왜 잘못된 것인지를 어렵지 않게 이해할 수 있기 때문입니다. 독재자란 모든 작은 팽이들에게 자기처럼 돌라고 강제하는 거대한 팽이와도 같습니다. 그렇지만 과연 독재자는 알고 있을까요? 그렇게 자신의 회전 스타일을 강요하는 순간 작은 팽이들은 돌기를 멈추게 될 것이며, 동시에 자신도 얼마 지나지 않아 돌기를 멈추게 되리라는 사실을 말입니다. 그래서 그런지 역사적으로 독재자의 말로처럼 비극적인 것도 없습니다. 결국 우리가 독재나 억압에 저항해야만 하는 이유는 우리 자신의 삶뿐만 아니라 독재자의 삶도 구원하기 위해서, 다시 말해 인류를 구원하기 위해서라고 할 수 있습니다. 회전하는 팽이들이 충돌할 때 두 팽이들이 모두 불행해지는 것처럼, 억압이 발생할 때 억압자나 피억압자 모두가 불행에 빠질 테니까요.

타인이 자신의 삶을 억압할 때는 저항이라도 가능하지만, 자발적으로 타인에게 복종하는 경우에는 답조차 없을 수 있습니다. 우리는 깊게 가슴에 아로새겨야만 합니다. 타인의 삶을 흉내 내지 말라는, 그리고 타인에게 내 삶을 흉내 내도록 강요하지도 말아야 한다는 가르침을 말입니다. 하긴 다른 팽이의 회전이 멋있다고 해서 그것을 흉내 내는 순간 자신만의 스타일로 돌고 있는 팽이는 더 이상 돌 수 없을 겁니다. 그 역도 비극으로 끝나겠지요. 그래서 우리는 억압뿐만 아니라 모방이나 자발적 복종도 철저하게 거부해야만 합니다. 이것이 바로 인문정신이 가진 소명입니다. 인문학은 다른 학문과는 달리 '고유명사'를 지향하는 학문입니다. 수많은 시인과 철학자들을 보세요. 그들은 자신만의 목소리로 무엇인가를 노래하거나 논증하고 있습니다. 그들의 시나 철학에는 유사성은 있지만 공통점이라고는 있을 수가 없는 법입니다. 황지우의 시와 이성복의 시, 그리고 칸트의 철학과 스피노자의 철학이 유사하지만 미묘하게 차이가 나는 이유도 바로 여기에 있지요. 모든 시인과 철학자는 자신만의 목소리를 내는 데 성공한, 행복한 사람들입니다. 우리가 수많은 시인과 철학자들의 궁극적 유사성을 바로 그들이 자신만의 제스처와 스타일을 완성했다는 데서 찾는 것도 이런 이유에서인지 모릅니다.

"다른 누구도 흉내 내지 말고 자신의 삶을 자신의 힘으로 영위하고 그것을 표현하라!" 다양한 철학자와 작가들이 있습니다. 그렇지만 이들은 각각 자신만의 스타일로 도는 데 성공한 팽이들일 뿐입니다. 흥미로운 것은 팽이들은 그 크기와 모양, 그리고 속도는 다르지만, 기본적으로 팽이이기 때문에 무엇인가 보편적인 것을 보여 준다는 점입니다. 들뢰즈의 말대로 단독적인 것The Singular에서 보편적인 것The Universal이 발생하는 법이니까요. 사랑을 비유로 들어 볼까요? 우리는 한용운의 사랑을 흉내 내도 안 되고, 백석의 사랑도 흉내 내서는 안 됩니다. 나만의 단독적인 사랑을 겪어 내야만 우리는 한용운이나 백석이 누렸던 사랑의 보편성에 이를 수 있기 때문이지요. 정말 아이러니한 일입니다. 자신의 삶을 정직하게 살아 내야만, 우리는 인간이 소중하게 생각하는 보편적인 가치들, 즉 자유, 사랑, 행복 등에 이를 수 있다는 사실이 말입니다. 그래서 그랬던가요? 임제도 우리에게 일갈했던 적이 있습니다. "안이건 밖이건 만나는 것은 무엇이든지 바로 죽여 버려라. 부처를 만나면 부처를 죽이고, 조사를 만나면 조사를 죽여라." 부처의 흉내도 내지 말고, 조사의 흉내도 내지 말라는 가혹한 명령입니다. 왜냐고요? 그래야 자신이 싯다르타와 같은 부처가 될 수도 있고, 혜능과 같은 조사가 될 수도 있으니까요.

4.

"공통된 그 무엇"을 거부해야, 우리는 "스스로 도는 힘"을 지킬 수가 있습니다. 아니 그 역도 마찬가지일 겁니다. "스스로 도는 힘"을 강화할 때에만 우리는 "공통된 그 무엇"을 극복할 수 있을 테니까요. '공통된 그 무엇'의 자리에는 그 어떤 것이라도 올 수 있습니다. 자본, 종교, 민족, 인종, 정치권력, 스승, 멘토 등등. 우리만의 스타일로 삶을 살아 내는 힘을 빼앗는 어떤 것이라도 상관없습니다. 여기서 중요한 것은 "공통된 그 무엇"이 들판의 야생화들처럼 단독적인 개인들을 '우리'로 만드는 근본적인 계기로 기능할 것이라는 점입니다. 말장난을 조금 하자면, 공통된 그 무엇이 만드는 것이 바로 '울(타리)', 그러니 '우리'라고 할 수 있지요. 그러니까 공통된 그 무엇이 만든 '우리'에 갇히는 순간, 개인들은 '우리'로 변한다는 겁니다. 단순한 우연의 일치만은 아닐 겁니다. '울타리'를 의미하는 '우리'라는 말이 개인들의 단독성을 부정하고서 출현하는 집단적인 '우리'라는 말과 같다는 사실이 말입니다.

공통된 그 무엇의 '우리'에 갇혀 '우리'가 되는 순간, 더 심각한 위기가 먹구름처럼 몰아닥치게 됩니다. 우리와 공통된 것이 없는 타자들을 '적'으로 여기는 후속 사태가 벌어질 테니까 말입니다. 바로 이 순간 개인들은 원하든 원하지 않든 간에 슈미트의 말처럼 '정치적인 것'의 범주, 그러니까 '적과 동지'라는 치명적인 범주에 포획되고 맙니다.

적이란 바로 타인, 이질자이며, 그 본질은 특히 강한 의미에서 존재적으로 어떤 타인이며 이질자라는 것만으로 족한 것이다. (…) 모든 종교적, 도덕적, 경제적, 인종적 또는 그 밖의 대립은 그것이 실제로 인간을 적과 동지로 분류하기에 충분할 만큼 강력한 경우에는 정치적인 대립으로 변화하게 된다.
—《정치적인 것의 개념》

우리와 다른 타자를 '적'으로 여기는 순간, 우리는 '동지'로 묶이게 됩니다. 하지만 그 역도 마찬가지 아닐까요? 몇몇 개인들이 동지로 뭉치는 순간, 다른 타자들은 모두 적으로 배제될 테니까 말입니다. 동지라는 말은 생각 이상으로 무서운 말인 셈입니다. 동지同志라는 말은 '지향하는 뜻[志]이 같은[同]', 다시 말해 '공통된 그 무엇을 공유하는' 사람들이라는 의미이지요. 여기서 바로 해묵은 집단 사이의 대립, 지역 사이의 대립, 민족 사이의 대립, 종교 사이의 대립, 계급 사이의 대립 등이 연유하게 됩니다. 물론 이런 대립은 최종적으로 서로를 절멸시키려는 전쟁으로까지 확산될 수 있습니다. "공통된 그 무엇"을 극복하지 않는다면, 우리는 개개인들을 '우리'로 가두는 우리를 부술 수 없을 것입니다. 그러니 힘을 내서 스스로 다시 돌아가야만 합니다. "스스로 돌아가는 힘"을 유지하는 단독적인 개인들로 우리가 다시 돌아가지 않는다면, 우리에게는 야만적인 적대와 대립, 그리고 끝내 모두를 절멸시키는 전쟁만이 기다리고 있을 테니까요.

　존 레논은 자유와 평화를 위해서 모든 종교, 모든 국가, 모든 소유를 철폐하는 꿈을 꾸었던 적이 있습니다. 종교, 국가, 그리고 소유를 통해 적과 동지로 갈라서서 싸우는 인간의 모습이 참담했던 겁니다. 이제 명확해지지 않았나요? 그의 꿈이 실현되기 위해서 '우리'가 해체되어 '단독적인 개인들', 스스로의 힘으로 돌아가는 팽이들이 되어야만 한다는 사실이요. 그렇지만 그것은 누군가가 우리에게 선물로 주는 것이 아닙니다. 그것은 당당하고 자유로운 정신으로 "공통된 그 무엇"과 싸우면서 획득해야만 하는 것이니까요. 그래서 "스스로 도는 힘"을 회복한다면, 인류의 아주 오래된 미래, 코뮌Commune이라는 개인들의 자유로운 공동체가 회복될 겁니다. 마침내 화려한 화엄의 세계가 열리는 것이지요. 꿈꾸어 보세요. 상상해 보세요. 얼마나 멋진 세상입니까. "어쩌면 당신은 내가 꿈을 꾸고 있다고 말할 수도 있지만, 나만 그런 꿈을 꾸는 것은 아니에요. 언젠가 당신도 우리와 합류할 것이고 인류는 하나인 것처럼 살아가게 될 거예요. You may say I'm a dreamer, but I'm not the only one. I hope some day you'll join us, and the world will live as one."